les chemins buissonniers du roman

les chemins buissonniers du roman

études et entretiens réunis par

Alain Cresciucci et Alain Schaffner

littératures contemporaines
klincksieck

Littératures contemporaines
1

collection dirigée par
Alain Cresciucci et Jean Touzot

en couverture :
Sarah Ripart, *Vade retro...*,
photographie numérique, mai 2009 (© SR).

ISBN 978-2-252-03730-0

Avant-propos

On ne lit plus beaucoup, dit-on. Même chez les étudiants en Lettres. Et pourtant les manuels de littérature se portent bien. Les nouveaux programmes du lycée ont permis aux investisseurs institutionnels de l'édition de renouveler leurs modèles et, régulièrement, les universitaires révisent et complètent le patrimoine littéraire.

On voit même apparaître des contre-manuels et des anti-manuels. Dans la première catégorie, les décapants ouvrages de Pierre Jourde – *La Littérature sans estomac, Le Jourde & Naulleau – Précis de littérature du XXIe siècle* (réédition augmentée, *Le Livre noir du roman contemporain*) ; dans la seconde, *L'Antimanuel de littérature* de François Bégaudeau – le prof qui vous fait passer directement de 4e ZEP au Festival de Cannes. Ce livre est d'ailleurs intéressant en ce qu'il contribue, si besoin était, à troubler le regard porté sur la littérature et son enseignement. Que penser d'un manuel qui proclame : « Alternatif, ce livre ne l'est que s'il déjoue la contre-productivité de manuels qui, à sacraliser la littérature, en viennent à la rendre intimidante plutôt que désirable. » Voilà pourquoi votre fille est muette ! Décidons d'appeler les auteurs classiques par leur prénom et de les tutoyer, et tout ira mieux. Notons encore que cet *antimanuel* est publié chez Bréal, plutôt connu pour ses manuels de préparations aux concours, de vulgarisation, voire d'antisèches pour lycéens ou étudiants « à la bourre » : décidément les frontières bougent… Il est vrai que, depuis quelques années, Bréal (il n'est pas le seul) cherche à modifier son image d'éditeur (trop) scolaire en convoquant quelques figures médiatiques – loin du catalogue traditionnel d'auteurs enseignants – comme Pierre Bergounioux et son *Bréviaire de littérature à l'usage des vivants* – décidément littérature et religion vont bien ensemble – ou ses *Portraits d'écrivains*, livre de photographies.

En amont de ces réalisations pédagogiques, pittoresques ou frondeuses, se place une discipline en plein renouveau après des années de purgatoire : l'histoire littéraire. L'histoire littéraire dans sa diversité, les histoires littéraires, – traditionalistes, avant-gardistes, iconoclastes – même si elles proposent des paysages différents – surtout des manières différentes de voir –, discutent et disputent du même monde, car elles sont, pour la plupart, écrites par des gens du même monde universitaire, et composent ainsi une grande Histoire officielle. L'expression « Histoire officielle » ne doit pas être prise en mauvaise part. Elle prend acte que l'idée que le lecteur moyen se fait de la littérature lui est inspirée par des professionnels – professeurs, critiques, éditeurs – qui, sans forcément se concerter, parfois en s'opposant sur les méthodes, sur les orientations, sur les auteurs et les œuvres finissent par tomber implicitement d'accord sur le domaine qu'ils explorent. S'il est un domaine où le public n'est pas roi, c'est bien celui de l'offre culturelle.

Difficile de dire s'il existe un (ou plusieurs) point(s) d'accord de toutes les Histoires sinon un consensus assez flou sur la légitimité. Il y a ce qui est légitime et ce qui ne l'est pas, ce qui relève de la Littérature (la Grande) et ce qui n'en relève pas (ou pas tout à fait) : les bons genres et les mauvais genres. On dit : « *Touchez pas au grisbi* est un chef-d'œuvre de la littérature policière, *Emmanuelle* est un chef-d'œuvre de la littérature érotique », jamais : « sont des chefs-d'œuvre de la littérature. » Peut-être ne sont-ils pas des chefs-d'œuvre ? Mais le sujet est si délicat, et ce n'est pas le lieu, ici, de débattre de « qu'est-ce qu'un chef-d'œuvre ? ». De cette division en classes, ce volume prend acte en accordant un droit de séjour à la littérature policière, érotique, fantastique et de science-fiction. On voit mal pourquoi la littérature dite de genre, au prétexte qu'elle donne lieu à des extensions industrielles ne compterait pas des œuvres de tout premier ordre. Car enfin, les centaines et centaines de romans de littérature *sérieuse* qui encombrent les étals aux rentrées littéraires ont aussi quelque chose d'industriel, ne serait-ce que la volonté des éditeurs de multiplier les produits et de se donner une chance de faire sortir, par surprise, une truie, un hérisson, une fourmi…

Il prend acte également – et à leur manière les manuels provocateurs en témoignent – de l'extraordinaire resserrement de l'offre, du peu de noms que l'autorité de régulation du marché s'apprête à accueillir dans sa corbeille. Quel étudiant en Master de Littérature connaît le nom de Jean Malaquais, de Paul Gadenne, de Jean Reverzy, d'Henri Calet, de Philippe Muray ?… Heureusement qu'il existe un lectorat parallèle qui assure, pour autant qu'on lui en fournisse les moyens, la survie de ces auteurs classés dans le second rayon – c'est vrai, que pèse un Jacques Laurent à côté de « titans » de la pensée comme Sartre et Camus !

Rendons grâce pour cela à une revue savante comme *Romans 20-50* ou à *L'Atelier du roman*, aux chercheurs, aux curieux sans qui des pans entiers du XXe siècle romanesque sombreraient dans l'oubli [1].

Les Chemins buissonniers ne se veulent pas une contre histoire littéraire mais un parcours du genre romanesque, dans la seconde partie du XXe siècle, qui n'emprunte pas les itinéraires les plus fléchés. De « ces presque « oubliés » de l'après-guerre » dont parle Bruno Curatolo aux *antimodernes ?* d'Alain Cresciucci et aux néo-hussards de Guillaume Gros et, insistons, ces passionnants auteurs *mauvais genre*, que nous présentent Anissa Belhadjin, Alexandra Destais et Simon Bréan, c'est une invitation à la curiosité.

Ces chemins sont balisés par trois entretiens avec trois écrivains de trois générations différentes : Michel Déon, le dernier des hussards, représente la génération d'après-guerre ; Denis Tillinac est devenu majeur en mai 1968 (à cette époque il fallait attendre vingt et un ans), mais il n'a pas aimé cette fête ; Benoît Duteurtre est l'enfant d'« après l'histoire » – comme disait son ami Muray –, l'historien de nos dérives contemporaines.

PS : Que vient faire Alain Robbe-Grillet, auteur parmi les plus étudiés *urbi et orbi*, les plus surestimés diront certains ? ARG est

1. Pour la mise en perspective, il est instructif de lire dans la contribution de Nicholas Hewitt quelle représentation de la littérature romanesque française se faisaient nos voisins britanniques.

mort au moment où se précisait l'idée de ce volume. Comment cette œuvre qui a tellement impressionné les intellectuel(le)s américain(e)s et permis à de jeunes et moins jeunes intellectuel(le)s français(es) de se faire une petite place dans la communauté universitaire, va-t-elle continuer à être reçue après la mort de l'auteur ? Le « Pape » du nouveau roman ne cessait depuis plus de vingt ans de jouer le « vieux monsieur indigne » (indigne du rôle auquel il était assigné). Après avoir mis les pieds dans le plat de l'autofiction (les *Romanesques*), avoir été élu à l'Académie (où il ne siégea pas, faute d'habit vert) et avoir mis un point final à son œuvre littéraire par un testament hors norme (*Un roman sentimental*), il semblait utile qu'une spécialiste du nouveau roman comme Francine Dugast-Portes fasse le point dans un « Tombeau » pour un « esthète et mystificateur ».

A.C.

Entretien avec Michel Déon

Né en 1919, collaborateur de Maurras à L'Action française *durant la guerre, il est associé aux hussards dans les années 1950. C'est à partir des* Poneys sauvages *(prix Interallié 1970) que son œuvre, déjà abondante, commence à être connue du grand public. Élu à l'Académie française en 1978, il est considéré, aujourd'hui, par de nombreux écrivains, comme un des maîtres du roman* romanesque *(*Un taxi mauve, Le Jeune Homme vert*) et comme un mémorialiste passionnant (*Mes arches de Noé I & II*).*

Quels ont été les auteurs de votre jeunesse ?

Mon passage de l'adolescence à l'âge d'homme est, probablement, marqué par la coupure de la guerre et ma mobilisation. Disons qu'après Jules Verne, Daniel Defoe, Stevenson, Somerset Maugham – qui avait été mon voisin au cap Ferrat et qui disait « je suis le meilleur des médiocres » –, Katherine Mansfield, Chesterton, Conrad, je suis passé à Aldous Huxley, dont je crois avoir peut-être tout lu. Je quittais le domaine romanesque seulement pour Maurras, Léon Daudet, l'admirable Bainville, Gaxotte... les éducateurs de mes idées politiques. Ma curiosité était grande j'ai même lu *Le Capital* de Marx ! Tout me distrayait de mes ennuyeuses années de Droit.

Mobilisé, je suis parti avec, dans ma musette, *Mes idées politiques* de Maurras et les *Pensées* de Pascal, austère petit soldat passionné aussi par des poètes : Apollinaire, Paul-Jean Toulet, T. S. Eliot, Rilke... Pendant la débâcle, j'ai marché en me récitant *La Chanson du mal aimé*. Ajoutez Stendhal et Larbaud, quelques Morand et Giraudoux. Naturellement, j'en oublie, et c'est de l'ingratitude pure. Ajoutez-y encore deux pôles d'attraction : la presse, dont je reste un fervent lecteur, et, beaucoup, le cinéma à une époque sans cinémathèque mais avec deux salles, le Panthéon et les Ursulines, où l'on pouvait revoir chaque jour un film différent du temps du muet ou des premiers parlants... l'époque classique.

Ma mémoire désordonnée allait me faire omettre les romans de Brasillach... et Thierry Maulnier, qui était un esprit merveilleusement libre. Aujourd'hui on ne parle plus de Thierry Maulnier, je trouve ça stupéfiant, mais la politique n'est pas pour rien dans cet *oubli*.

Des années 1950, les manuels de littérature retiennent plus le nouveau roman que les hussards. Vous aviez plus d'affinités avec les uns qu'avec les autres.

J'ai dû lire *Les Gommes*. J'ai dû en ouvrir un second, j'ai vu que c'était pareil. J'avoue n'avoir jamais été intéressé par les théoriciens du roman, réaction instinctive contre tout ce qui codifie, psychanalyse, stérilise et enferme la fiction dans une prison. L'affaire du nouveau roman a été menée brillamment, avec un grand sens de la publicité et... disons... des affaires par Robbe-Grillet, non seulement en France mais à l'étranger, à cette différence près qu'il a eu des émules dans son propre pays mais que, hors frontières, il n'a eu que les gobe-mouches des universités et fort peu d'inspirés par son système parmi les écrivains. Alain Robbe-Grillet n'a pratiquement pas connu d'opposition en France, et peut-être est-ce la raison de l'effondrement d'un système étrangement stérile dont il ne reste rien ? La seule réponse à ses diktats était d'écrire selon notre bon plaisir et de l'ignorer comme il ignorait tous ceux qui ne se pliaient pas à son jeu.

Vous me citez, parmi les opposants à cette astucieuse escroquerie, les hussards. L'étiquette « hussard » était et reste commode... elle colle. Mais hors les « quatre » auxquels vous pensez, il y a eu de beaux romans en cette période de sécheresse et des écrivains en liberté qui n'allaient pas aux ordres. Je ne citerai que Roger Vailland, Kléber

Haedens, Michel Mohrt, Félicien Marceau, Alexandre Vialatte, José Cabanis, Jean Cau, Jean d'Ormesson... J'arrête : la liste est longue et ce n'est pas une armée que je veux lever, simplement un commando d'hommes libres. Et parmi ces hommes libres, quelques poseurs de bombes qui s'étaient indignés du traitement infligé à Chardonne, Morand, Fraigneau, Céline, Drieu. On les a classés pour jamais à cette droite, droite contre laquelle ils ruaient tout aussi bien, mais ainsi la gauche littéraire se donnait bonne conscience.

Naturellement, il y avait des points de rencontre entre ces quatre-là, qu'on appelle les « hussards ». Mais de là à parler de groupe ? L'entente n'était pas si harmonieuse. Je ne suis pas sûr que Laurent et Blondin s'entendaient si bien que ça et on sait que Laurent et Nimier ne s'estimaient guère. Blondin et Nimier ne se supportaient pas au début. Blondin et moi, nous faisions un peu bande à part... Plusieurs fois les cartes ont été battues.

Nimier n'était sans doute pas un grand romancier, ce qui tient le mieux, ce sont ses deux premiers livres provocateurs : *Les Épées* et *Le Hussard bleu*. C'était un jeune homme très doué qui voulait écrire aussi des romans : une grande intelligence, un esprit toujours en mouvement et très rigoureux. Un critique superbe. Il ne faut pas oublier son rôle chez Gallimard. Il a eu le courage d'aller rechercher des auteurs qu'on avait enterrés. *L'Élève d'Aristote* est un chef-d'œuvre. Au fond, il a servi la littérature, comme Gide en son temps.

Roger Nimier était un homme très exclusif, aussi. Quand il avait un ami, il ne le prêtait pas facilement, il l'accaparait. C'est lui qui a fait la conquête de Blondin, pas l'inverse... au point de le couper un peu de ses amis *traditionnels*.

Jacques Laurent a très vite connu un succès public, celui de Cecil Saint-Laurent, qui l'a éloigné de nous. Il était très pris : la littérature, mais aussi la presse et le cinéma. Un homme sur-occupé. Quand j'arrivais à le joindre, il disait toujours « oui... oui... à six heures et demie au bar du Ritz » et à sept heures il se décommandait et nous restions à deux, Fraigneau et moi. Jacques Laurent est parti dans trop de directions mais c'est un grand écrivain. *Les Corps tranquilles* est un très grand livre, *Le Petit Canard* celui que je préfère. Laurent a besoin du temps pour que son œuvre polymorphe soit reconnue pour ce qu'elle est réellement : une des majeures du XXe siècle.

Pour Blondin, tout le monde sait. Pour moi, je ne sais pas, sauf que nous avons désobéi et entraîné des désobéissances.

Mais tout de même cette « étiquette » inventée par Bernard Frank, qui, d'ailleurs, ne vous associait pas au groupe, n'a pas réussi par hasard.

Il y avait certainement une espèce de complicité politique. Aucun n'était de gauche. Ce n'était pas une condition nécessaire; simplement on se sentait plus à l'aise avec quelqu'un devant lequel on pouvait lâcher quelques paradoxes ou quelques plaisanteries.

Du point de vue littéraire, je ne vois pas de points communs, sinon l'admiration pour certaines œuvres. Par exemple, l'œuvre de Marcel Aymé a beaucoup compté pour Blondin, Nimier et moi. Pour Laurent, moins. On aimait beaucoup Fraigneau, aussi.

D'où vient cette admiration pour André Fraigneau, qui est bien oublié aujourd'hui ?

Fraigneau n'est pas si oublié que vous le pensez. Il n'a jamais été un écrivain de grand renom mais un écrivain pour « *happy few* ». Ce n'est sans doute pas le cycle de Guillaume Francœur qui constitue la meilleure part de son œuvre, ce sont plutôt les faux journaux intimes : *Julien l'Apostat, Journal profane d'un Solitaire* et *Louis II de Bavière*. Les romans sont un peu sur-écrits et un peu attendus... Fraigneau était un esprit d'une grande délicatesse, une sorte de romantique classique. Nous l'avons, dans ces années, sorti du trou noir dans lequel l'Épuration l'avait plongé. Aujourd'hui il y a encore des lecteurs de Fraigneau, et une « Société des amis de Fraigneau ».

Fraigneau était aussi un moteur pour les jeunes écrivains. Il disait « je n'écris plus mais vous allez écrire pour moi », et il vous lisait, il vous donnait des conseils. C'était bien d'être aimé par quelqu'un que nous considérions comme un délicieux esthète et un bon écrivain. C'était notre Rémy de Gourmont.

Est-ce que les engagements politiques des uns et des autres, les clivages politiques, ont été déterminants dans la vie littéraire ?

Les clivages politiques jouaient dans les années 1950... sauf pour Antoine aimé par tout le monde, sans doute en raison de la fragilité qu'on pressentait en lui et de son charme, de son intelligence, de sa générosité... Le clivage politique, on le sent quand on est étiqueté à droite mais quand on est à gauche il n'y a pas de clivage. Quand je tenais une chronique de livres, je ne me posais pas la question de l'orientation politique des auteurs.

Ces clivages ont duré plus d'un demi-siècle, bien au-delà des années 1950. Lisez les critiques du style *Nouvel Obs*... toujours bien sélectionnées. La droite, pour employer une façon de parler un peu simple, a ses journaux, ses organes mais n'a pas ses accès... par exemple à France-Culture, alors que dans les années 1950 la radio culturelle était ouverte à tous. J'ai écrit des dramatiques, Fraigneau dirigeait une série... Depuis quelques années, des mains se tendent et se serrent, isolant de plus en plus une poignée de pontes ratiocinants.

Aujourd'hui, à la fin du XXe et au début du XXIe, quels sont les auteurs qui vous paraissent les plus remarquables ?

Comme auteur marquant je verrai Emmanuel Carrère. Je le lis depuis son premier livre. De sa génération, c'est lui que je considère comme le plus remarquable.

Je trouve Yasmina Reza très intéressante, et pas parce qu'elle a du succès dans le monde entier – on n'aime pas trop ça en France –, aussi bien pour son théâtre que pour ses récits.

Michel Houellebecq a connu un début éclatant mais le succès, à mon sens, l'a détruit. *Extension du domaine de la lutte* a été une ouverture sur l'époque. Il a vu l'époque. Benoît Duteurtre a pris la suite. C'est un esprit ironique, un homme intelligent, cultivé... peut-être pas un romancier selon mon goût car il lui manque cette force et cette poésie que je demande à un roman. Il est excellent dans la nouvelle, et dans la polémique. Je mettrai aussi en avant Jean Rolin, Vincent Delecroix, Stéphane Audéguy, François Taillandier, Patrick Besson, Éric Neuhoff, Belinda Cannone, Didier van Cauwelaert...

En dehors du roman et du théâtre, je suis peut-être moins renseigné mais j'apprécie les livres de Finkielkraut.

Votre œuvre est difficile à saisir. À part la poésie vous avez abordé tous les genres. Avez-vous, au fil des ans, le sentiment de construire une œuvre ?

Non. Est-ce que quelqu'un a le sentiment de faire une œuvre ? Je ne pense pas que mon cher Antoine ait jamais eu ce sentiment. Le mot « œuvre » est paralysant. « Des » œuvres intimident moins. Un volume, dans la prestigieuse collection « Quarto », réunit quelques-uns de mes principaux livres. Le titre est heureusement au pluriel. Mais c'est vrai que j'ai *œuvré* dans bien des genres : romans, essais, récits, théâtre. J'ai tenu des chroniques dramatiques aux *Nouvelles littéraires*, littéraires au *Journal du dimanche*. Deux ans au plus chaque fois. Un jour on se lasse. On verra après moi ce qu'il en reste.

Je vous ai posé cette question parce qu'il me semble qu'on peut distinguer plusieurs manières dans votre œuvre romanesque : la période intimiste (le mot est de Jacques Laurent) puis, à partir des années 1970, qui coïncide avec une reconnaissance du public, ce que j'appellerai les romans romanesques au sens où Le Hussard sur le toit *est un roman romanesque.*

Je suis assez d'accord... Moi, je me qualifie de romancier. J'ai écrit des « choses vues » mais mon domaine c'est le roman. J'ai fini maintenant, je n'en écrirai plus. Depuis l'enfance j'ai toujours voulu écrire des romans, je le raconte dans la préface du « Quarto ». Sous des masques divers, il est vrai que j'apparaissais trop dans mes livres, au moins jusqu'en 1960, puis mon regard a changé de mise au point, très probablement grâce à ma vie en Grèce. Un critique, plutôt hostile d'habitude, a pu dire : « Maintenant il voit les autres. » Ce n'est pas faux. La date : 1960 ; le titre : *Le Balcon de Spetsai*. Après ? Eh bien, je ne renie plus rien. J'avais quarante et un ans, un bon âge pour oser être mûr.

L'énergie créatrice a commencé à se calmer avec *La Cour des grands*, qui n'a été suivi que de courts récits pour lesquels j'avais atteint le calme nécessaire pour revenir en arrière. Après un long voyage, j'ouvrais mes bagages et en étalais le contenu sur la place publique. J'ai vécu, j'ai bien vu, bien écouté, j'oublie les rancœurs et les heures noires, et voici le fruit de ces peines et de ces joies, de ces enthousiasmes et de ces déceptions.

Je vais poursuivre dans cette question de vos « manières ». Dans Je ne veux jamais l'oublier, Tout l'amour du monde *et, beaucoup plus près de nous* La Chambre de ton père, *vous pratiquez un genre hybride – roman/autobiographie – que la critique classe souvent sous le nom d'autofiction.*

Je ne crois pas avoir appelé ces livres « romans » mais « récits ». Dans *Les Poneys sauvages* on peut aussi trouver des éléments autobiographiques. Moins que dans ceux que vous citez, mais ils y sont aussi. *La Chambre de ton père* est plus proche de l'autobiographie, mais il y a des choses *arrangées*.

Dans votre œuvre romanesque, un livre singulier s'inscrit mal dans cette petite typologie, Un déjeuner de soleil.

Si j'en crois certains, c'est mon moins mauvais.

Vous êtes dur pour les autres. Disons plutôt qu'il est à part dans votre production romanesque.

Je crois avoir écrit avec *Un déjeuner de soleil* le roman du roman, et m'être exprimé clairement dans *Parlons-en*, un dialogue avec ma fille. C'est un roman sur la création. J'ai essayé de montrer les mécanismes de la création… Je suis un peu étonné d'avoir écrit ça. Je crois que je l'ai fait parce qu'aucun essai ne peut rendre compte de la création romanesque. Ce n'est pas un livre de théoricien, c'est un roman romanesque, un roman d'aventure.

Qui aurait des allures des Faux-Monnayeurs…

Lakis Proguidis de *L'Atelier du roman* me l'a dit. J'ai repris *Les Faux-Monnayeurs* – j'ai oublié de vous dire, quand nous parlions de mes auteurs de jeunesse, que j'étais un grand lecteur de Gide, ce qui n'allait pas vraiment dans le sens de *L'Action française*… bien que Gide en ait été un abonné. J'ai relu *Les Faux-Monnayeurs* et j'ai trouvé ça d'une platitude effrayante. Je continue à aimer beaucoup Gide, mais *Les Faux-Monnayeurs*, c'est un exercice… comme un universitaire qui se serait dit : j'ai lu beaucoup de romans, je vais écrire un roman. Ses personnages ne sont que des clichés.

Avec *Un déjeuner de soleil*, j'ai varié les plaisirs, je me suis écarté, en apparence seulement, du roman romanesque, tout en l'utilisant à fond. François Nourissier, qui passait ses vacances à Spetsai, m'avait demandé ce que j'écrivais : « – Un roman sur la création romanesque. – C'est absolument impossible ! » Ça aurait pu m'arrêter.

Avez-vous le souci de la postérité ?

Je ne me pose jamais la question. À mon âge, quand tant d'écrivains qu'on admirait ou détestait, tant de femmes et d'hommes ont disparu nous abandonnant à nos souvenirs, que des œuvres auxquelles on croyait fermement se sont volatilisées, il y a de quoi être sceptique. Si j'ai apporté quelques distractions à mes contemporains, les ai fait rire ou les ai émus, si j'ai semé quelques rêves dans leurs divagations intérieures, c'est déjà une belle satisfaction qui justifie mon bref passage sur cette terre si fragile.

propos recueillis par Alain Cresciucci

Profils perdus de l'après-guerre romanesque

Beaucoup de romanciers, ayant parfois commencé leur carrière à la fin des années 1930 ou pendant l'Occupation, ont donné le meilleur de leur œuvre autour de 1945-1955 ; pour des raisons diverses – mort précoce, inscription à contre-courant, émergence de nouvelles esthétiques… – ils ont disparu de l'histoire littéraire. Depuis deux ou trois décennies, ils font pourtant résurgence, fût-ce avec un bonheur inégal, et ce n'est que justice car leur contribution à l'art du roman n'est pas négligeable. On évoquera ici les plus importants de ces presque « oubliés » de l'après guerre.

« … l'un des plus grands romanciers de sa génération… »

Né en 1905 – la même année que Sartre –, Raymond Guérin, après un début assez sage chez Gallimard, qui accueillera quasiment tous ses titres, fit un coup d'éclat avec *Quand vient la fin*, publié en 1941 alors qu'il était prisonnier en Allemagne : ce récit, principalement consacré à la maladie et la mort de son père, atteint d'un cancer aussi douloureux qu'humiliant, fut diversement jugé à cause, disons, de son manque de pudeur ou de sa sincérité. On applaudit – un des articles les plus avisés fut celui de Maurice Blanchot [1] –, on s'indigna,

1. « Jeunes romanciers » (18 septembre 1941), repris dans « Chroniques littéraires du *Journal des Débats* – Avril 1941-août 1944, Gallimard », *Les Cahiers de la nrf*, 2007, p. 67-72.

on parla du prix Goncourt avant que Vichy ne lui préférât Pourrat avec son tranquille *Vent de mars* ; et le captif de rester derrière ses barbelés, à composer les volumes de ce qu'il devait appeler, après sa libération, « Ébauche d'une Mythologie de la Réalité », donnés en trois livraisons. Dans leur majorité, les commentateurs, dont Roger Caillois[2], ne retinrent de *L'Apprenti* (1946) que le caractère obscène, à savoir la confession d'un employé d'hôtel voyeur et onaniste, alors qu'il offrait bien d'autres aspects, notamment une remarquable évocation du Paris des années 1920, côté populaire et artistique : nouveau déboire pour le romancier que son élargissement des camps nazis n'avait pas ramené à une vision sereine de l'existence. Passons rapidement, si l'on peut dire, sur le deuxième volume – quelque neuf cents pages –, dont le seul titre, *Parmi tant d'autres feux...* (1949), manquait paradoxalement de clarté et qui ne rencontra qu'un lectorat mitigé : c'est dommage car il s'agit là du roman le plus « proustien » de Guérin, jusqu'à la pratique du pastiche. Avec le troisième opus, l'ancien prisonnier entendait être reconnu comme « l'un des plus grands romanciers de sa génération » – c'est ce qu'il aurait déclaré à Jean Paulhan et Marcel Arland en leur remettant son manuscrit – alors que *Les Poulpes* restèrent en eaux profondes, autant du côté de la réception critique que de l'accueil public : c'est pourtant le chef-d'œuvre de Guérin, mais condamné à demeurer, sinon inconnu, du moins trop méconnu, Gallimard ne l'ayant pas repris dans sa collection « L'Imaginaire », contrairement aux trois titres précédents et à *La Tête vide* (1952) : la seule réédition, aujourd'hui épuisée, a été donnée en 1983 par Le Tout sur le Tout.

Nul scandale donc pour cet insolite objet qui, tout en passant pour la morose chronique d'une vie de KG, ne pouvait cependant pas se confondre avec un récit attendu de la captivité : d'autres avaient paru dès après la guerre, *Le Bouquet* d'Henri Calet (1945) ou *Un an dans un tiroir* de Pierre Bost (1945), souvent agrémentés de ce piment pittoresque qu'est la petite ou la grande évasion. René Fallet, par exemple, dans son compte rendu du *Canard enchaîné*

2. Lequel rédigea, autour de cette parution, pas moins de six articles dans *Le Spectateur* du 15 octobre au 26 novembre 1946, repris dans *Chroniques de Babel*, Denoël/Gonthier, « Médiations », 1981, p. 143-161.

intitulé « Tentacules de chevet »[3], risquait un rapprochement avec deux ouvrages parus respectivement en 1946 et 1947 : « *Les Poulpes* est un bouquin sur la captivité, celle des camps de prisonniers. Ce sera donc le troisième volet du triptyque – le triptyque n'est pas un parasite intestinal, mais un tableau pliant ébauché par Francis Ambrière (*Les Grandes Vacances*) et Jacques Perret (*Le Caporal épinglé*). » Roger Nimier, lisant de son côté *Les Poulpes*, écrivait : « C'est le roman de la captivité tragique, de l'ennui mortel, comme le charmant *Caporal épinglé* de Jacques Perret était celui de la prison buissonnière. »[4] On aura relevé cette dernière épithète, évidemment utilisée par Nimier dans ce ton des hussards très éloigné de la noirceur qui devait être, par exemple, celle de *La Peau et les Os* de Georges Hyvernaud (1949), dont un chapitre, « Tourner en rond », avait été donné par *Les Temps modernes* en décembre 1946 dans la rubrique « Témoignages » : en le découvrant, Guérin, attelé à son maître-livre depuis plusieurs années déjà, se trouvait un frère en littérature, pour le fond comme pour la forme : humour grinçant, dérision, cynisme, idée radicalement désespérée de « l'espèce humaine ». Et pourtant, ni l'un ni l'autre n'avait connu l'indicible horreur de la mort industrialisée, dont on trouve le témoignage chez Robert Antelme, Louis Martin-Chauffier ou David Rousset : ils le savaient mais, le sachant, ils ne pouvaient, non plus, considérer leurs quatre ou cinq années de jeunesse, de vitalité, d'espérance irrémédiablement perdues comme un épisode anodin de leur existence. En cela, le titre d'Ambrière sonne mal si on le prend au premier degré, fort juste si on relit le début de *La Peau et les Os*, relatant le retour du détenu dans sa famille, ayant assez peu souffert de l'Occupation et considérant qu'il n'y a pas de quoi faire une histoire des quelques dizaines de mois passés en Allemagne.

Pas de quoi en faire une histoire, une tragédie ou un roman, en tout cas, plus de quoi. Là est la question, pour l'histoire littéraire, en

3. 20 mai 1953 ; repris dans *Chroniques littéraires du* Canard enchaîné *(1952-1956)*, textes réunis et présentés par Michel Lécureur, Les Belles Lettres, 2004, p. 205.
4. « Coup d'œil sur l'œuvre de Raymond Guérin » (*Carrefour*, 20 juin 1953) ; repris dans Roger Nimier, *Journées de lecture II*, édition de Marc Dambre, Gallimard, 1995, p. 126-129.

cette période relevant encore du traumatisme du conflit à l'échelle mondiale – et nul n'ignore que le travail de deuil n'est toujours pas achevé – mais désireuse d'un air neuf, d'un regain de gaîté, d'un brin de frivolité après des années de graves dangers. Caractéristique de cet esprit nouveau, *Le Petit Canard* de Jacques Laurent (1954) fait vivre les premiers mois du conflit comme une sorte de récréation prolongée à des adolescents qui ne se décident pas à devenir adultes. « Marre de la guerre » serait un peu le slogan des « *roaring fifties* », même si elle sévit partout, froide ou incandescente, aux quatre coins de la planète : les dramaturges français de cette époque – Ionesco ou Vian – s'en sont fait largement l'écho. Il demeure que, dans le domaine du roman, l'ancien combattant, prisonnier, collabo ou résistant, ne fait plus recette et c'est parce qu'on a reçu *Les Poulpes* comme un énième récit de captivité qu'on n'y a rien compris, ou presque, qu'on est passé, à de rares exceptions près, à côté de sa modernité.

L'insuccès de son œuvre fit aussi de Guérin un redoutable imprécateur, par voie de presse ou de radio, dans ses lettres ou ses entrevues privées, et cette réputation lui valut de se voir proposer par Jacques Laurent, pourtant plutôt éloigné de ses choix esthétiques, on l'a noté, comme de ses positions politiques, la chronique littéraire de *La Parisienne*, que Bernard Frank avait refusée ; c'était dans la logique de cette revue que de faire s'y exprimer, au moins au début, des opinions de tout bord. Pendant dix mois, d'octobre 1953 à juillet 1954, Guérin va y régler ses comptes avec tout le milieu littéraire, critiques, auteurs, éditeurs, « amis et pas amis », Camus et Nimier confondus, pour finir par se fâcher avec tout le monde. Romancier apparemment en marge, ou à l'écart, Guérin était pourtant bien de son temps et, pour buissonniers qu'ils furent par leur liberté d'humeur, ses articles parus dans la revue des hussards prouvent un engagement ardent dans l'époque. La mort l'emporte le 12 septembre 1955, à la clinique Tivoli de Bordeaux : il n'aura pas connu le triomphe du nouveau roman, dont il avait pourtant indiqué des possibilités avec *La Tête vide*. Fin de partie.

Poète, vos papiers !

Appartenant lui aussi à la « génération de 1905 », du côté des exclus de la célébrité – Hyvernaud (1902), Calet (1904), Gadenne (1907) –, Jean Malaquais, de son vrai nom Vladimir Malacki, naquit en Pologne le 11 avril 1908. Arrivé à Paris vers 1926, dénué du moindre centime, il exerça tous les métiers, à l'instar de Georges Navel, originaire, lui, de Maidières, village proche de Pont-à-Mousson, où il vit le jour en 1904 dans une famille nombreuse de travailleurs très peu fortunés ; en 1922, après plusieurs expériences professionnelles en divers lieux, débarqué dans la capitale, il découvre les ressources de la bibliothèque Sainte-Geneviève tout comme le futur Malaquais, auteur des *Javanais* – prix Renaudot 1939 – comparable par bien des aspects à *Travaux* qui obtint, pour sa part, le premier prix Sainte-Beuve en 1946. Les deux « pauvres », amateurs de littérature – rien à voir avec A. O. Barnabooth –, ne se croisèrent pas place du Panthéon, mais leur itinéraire présente, à leurs débuts en tout cas, des similitudes pertinentes pour l'idée qu'on peut se faire d'autodidactes exemplaires, plus encore que pouvait l'être leur jeune aîné Eugène Dabit, par exemple. En décembre 1935, Vladimir Malacki tombe, dans *La NRF*, sur un extrait du *Journal* de Gide : « Je sens aujourd'hui gravement, péniblement, cette infériorité – de n'avoir jamais eu à gagner mon pain, de n'avoir jamais travaillé dans la gêne. »[5] La suite est connue : échange de courrier, rencontre, naissance d'une amitié et démarrage de la carrière de Malaquais, qui sera toujours soutenu par l'hôte de la rue Vaneau, notamment quand, après l'invasion de la France par les Allemands, il lui fallut s'expatrier vers l'Amérique. Georges Navel, au cours de ses pérégrinations, bénéficiera quant à lui de l'aide et de l'amitié de plusieurs familiers des milieux littéraires, à commencer par Bernard Groethuysen qui lui ouvre la porte de la maison Gallimard en 1933 : deux ans plus tôt, aide-jardinier au Grand Hôtel de La Croix Valmer, Navel avait accepté de donner des leçons de français au peintre allemand Édouard von Bendemann,

5. Cité dans « Ma rencontre avec André Gide », André Gide-Jean Malaquais, *Correspondance 1935-1950*, Phébus, 2000, p. 25.

lequel l'avait recommandé à « Groeth » – prononcer « Groute » –, ami intime de Jean Paulhan, de Charles du Bos et de… Gide.

On se serait logiquement attendu à ce que le premier titre de Navel fût publié chez Gallimard, après quelques textes donnés à *La NRF* – notamment « Paris, Parc des attractions » dans le numéro de mai 1937 ; or une deuxième rencontre, tout aussi fortuite que la précédente, va en décider autrement. Apiculteur dans le Var, il s'occupe à l'occasion du jardin de Paul Géraldy, auteur dramatique et grand bourgeois, dont le recueil de poèmes *Toi et Moi* (1913) n'a jamais cessé d'être réédité ; celui-ci l'encourage à composer un récit à partir des « notes de cahiers qu'il a longtemps portées dans son rücksack de saisonnier », écrit-il dans la préface, et, ami de Jacques Chardonne, copropriétaire de la maison Stock, il fait paraître *Travaux* (1945) avec un succès tel que le premier tirage est épuisé en quelques semaines et qu'on en parle très sérieusement pour le prix Goncourt. La pénurie de papier en ces années d'après-guerre fit que l'ouvrage ne put être rapidement réédité, mais l'écrivain Georges Navel était désormais connu et reconnu ; bientôt sollicité par des revues comme *Europe, Commune, Preuves* ou *Le Nouveau Commerce*, ses livres furent progressivement recensés par les meilleurs critiques, Albert Béguin, Jean Blanzat, Frédéric Lefèvre, Maurice Saillet, Maurice Nadeau, Yves Lévy… après que Gallimard eut accueilli *Parcours* (1950), *Sable et limon* (1952), *Chacun son royaume* (1960), préfacé par Jean Giono : Navel avait, en effet, participé à quelques rencontres du Contadour, où il s'était surtout lié avec Lucien Jacques. Enfin, longtemps après, ce fut *Passages*, en 1982. Cinq titres au total, en une quarantaine d'années, c'est sûrement peu pour élever un monument littéraire, mais c'est suffisant pour construire une œuvre forte et cohérente, pour forger une écriture originale qui n'est ni romanesque ni intimiste, ni populiste ni militante. Une écriture buissonnière.

Malaquais publie donc *Les Javanais* en 1939, année faste pour la littérature romanesque[6] mais fort sombre pour les « métèques » qui, quelques mois après la débâcle de l'armée française, vont devoir quitter au plus vite leur terre d'accueil. Cet ouvrage révé-

6. *Tropismes* de Sarraute, *La Nausée* de Sartre, *L'Âge d'homme* de Leiris…

lait des qualités absolument étonnantes quant à son traitement du matériau linguistique, dans la meilleure tradition du « roman parlant » – selon la belle expression de Jérôme Meizoz[7] – qui débute, au XXe siècle, avec Charles-Louis Philippe et n'a cessé d'aller en passant par Barbusse, Céline, Cendrars, Giono, Ramuz... pour ne citer que les majors. Réfugié à Marseille, le Juif polonais qu'est Malacki, y retrouve, au début de l'Occupation, la colonie de tous les candidats au départ pour un autre monde, de préférence le continent américain, sud ou nord, au gré des opportunités d'embarquement sur tel paquebot, cargo, rafiot, pourvu, comme l'écrit Anna Seghers dans *Transit* (1983), qu'on puisse « [p]artir, partir de ce pays écroulé, de cette vie écroulée, de cette planète ! ». Ce dernier mot est le premier du titre que Malaquais donnera, en 1947, à son deuxième roman, *Planète sans visa*, très forte évocation dans son propos comme dans son volume, plus de cinq cents pages, de cette espèce de *no man's land* plus ou moins dramatique que fut, pour des milliers de Français et d'étrangers, le port phocéen. Tout y est : le groupe surréaliste autour d'André Breton – les pseudonymes ne masquent pas les pilotis –, l'aventure du « Croque-fruit » et de son inventeur, Sylvain Itkine, l'action généreuse de Varian Fry – qu'il a lui-même racontée dans *Surrender on Demand* (1945), *La Liste noire* en français –, la milice, la Gestapo, le camp des Milles, les écrivains complices, timorés, opposants. Fresque d'une rare puissance, saluée au moment de sa parution par les critiques les plus influents, tel Robert Kemp dans *Les Nouvelles littéraires*, trop vite estompée, hélas, pour des raisons sans doute semblables à celles qui valurent aux *Poulpes* leur plongeon. Mais Malaquais n'avait pas encore dilué sa dernière encre.

Le Gaffeur, paru en 1953, ne tombait certes pas comme une météorite, Aldous Huxley avec *Brave New World* (1932) ou George Orwell avec *Animal Farm* (1943) et *Nineteen Eighty-Four* (1949), ayant déjà frayé la voie du roman d'anticipation sous son jour le plus inquiétant, à savoir la vision d'un système dominé par le totalitarisme collectiviste : l'organisation sociale que l'écrivain met en scène suppose, avec une intuition rare, la réduction de la personne au mutisme et le

7. *L'Âge du roman parlant*, Droz, 2001.

labyrinthe bureaucratique, hérité de Kafka, dans lequel s'engouffre son narrateur menace non seulement sa propre vie mais aussi, et surtout, sa capacité à s'exprimer, à l'oral comme à l'écrit. Nazisme, communisme – l'anti-stalinisme de Malaquais se traduisit notamment dans son pamphlet de février 1947, « Le nommé Louis Aragon ou le patriote professionnel » –, maccarthysme : sur un mode informé ou prémonitoire, *Le Gaffeur* donne à lire, pour les temps passés, présents et, on peut le craindre, à venir, une mise en scène particulièrement saisissante de la persécution de l'homme par l'homme. Ce n'est pas un hasard si, *in fine*, la proie se joue de ses prédateurs, avec des ruses de chat… Au moment de quitter la Cité qui l'a pourchassé parce qu'il prétendait y vivre en poète, Pierre Javelin se laisse guider par Salomon, « noir, magnifique […] la queue haute, le pelage lustré ». Ruse, certes, mais également démission finale du héros qui s'exclut lui-même d'une société ne tolérant qu'un discours normalisé, un vocabulaire stéréotypé, une syntaxe en uniforme, et qui désespère de ce que pourrait être la puissance du langage créateur dans un univers où le silence n'est certes pas la règle – on y fait au contraire beaucoup de bruit pour rien – mais où l'usage de la parole est placé sous haute surveillance. Le plus significatif est que Javelin, parvenu au terme de son aventure, renie son engagement dans la lutte « poéthique » contre la Cité, s'étant rendu compte qu'il aliénait par là son indépendance. En fait, si l'on met *Le Gaffeur* dans la continuité du libelle contre Aragon, il n'est pas difficile de comprendre que ce dont leur auteur se défiait, à l'instar de Benjamin Péret – *Le Déshonneur des poètes* date de 1945 –, c'est l'embrigadement de la poésie et que la juste cause, si tant est qu'elle le fût, n'excuse aucunement le recours à des mots d'ordre. Toute la difficulté, surtout pour un écrivain, consiste à défendre sa liberté individuelle sans pour autant abdiquer sa conscience politique.

L'esthétique du *Gaffeur*, par son onirisme, a eu sans doute de quoi dérouter, comme le roman de Guérin l'a fait par le caractère inaccoutumé de son montage verbal ; toutefois la méfiance que les deux écrivains ont inspirée tient principalement au peu de crédit que leurs livres accordent à l'humain à une époque où le marxisme d'une part, le christianisme de l'autre, et même l'existentialisme, cherchent à fonder un nouvel humanisme sur les décombres de la deuxième guerre mondiale. Chez Malaquais, c'est un monde « lavé de l'homme », ainsi que le rêvera Julien Gracq cinq ans plus tard dans *Un balcon en forêt*, « un monde redevenu végétal »[8] auquel on aspire, celui où les formes essentielles, enfin pleinement perceptibles, retrouvent leur valeur originelle. Chez Guérin, c'est la dérision qui l'emporte, jusque dans l'idée même de la littérature en ce qu'elle peut contenir de valeur morale : « Jouer au prophète, au directeur de conscience, au grand prêtre, au porteur de message me semble tout de suite du dernier ridicule », écrit-il en guise d'avertissement aux *Poulpes*. Voilà qui ne pouvait être bien reçu ni par les lecteurs des *Temps modernes*, ni par ceux d'*Esprit*, ni par ceux des *Lettres françaises*, ni même par ceux de *La NNRF*, dans laquelle, si la politisation de l'art n'est pas de mise, on croit à la pureté, à l'authenticité, à la probité de la création littéraire, autant de concepts éthiques que Jean Paulhan et Marcel Arland avaient soulignés en présentant le numéro du 1er janvier 1953. Grâce à sa longévité, Malaquais a pu assister au regain d'intérêt que ses romans ont suscité au moment où Jean-Pierre Sicre les a réédités chez Phébus : ce ne fut pas le cas de Guérin, ni de Calet, ni de Gadenne, entre autres, tous disparus autour de leur cinquantième année, sans que cela crée beaucoup d'émotion dans le milieu littéraire. Et pourtant, les ouvrages qu'ils ont publiés au début des années 1950 ont bien connu une seconde vie.

Broussailles, ronces et buissons

Henri Calet, mort quelques mois après Raymond Guérin, à cinquante-deux ans, devait publier l'essentiel de ses ouvrages à partir de 1945, trois seulement ayant paru avant la guerre : *La Belle Lurette* (1935), *Le Mérinos* (1937), *Fièvre des polders* (1939), tous chez Gallimard, munis de la mention « roman », ce qui, pour le premier au moins, est plutôt contestable mais c'est aussi l'intérêt, chez un auteur comme Calet, de rendre poreuse la frontière entre les genres traditionnellement identifiés et, on le sait, le débat sur cet aspect de l'esthé-

8. José Corti, 1958.

tique littéraire n'a cessé d'inquiéter les spécialistes du XXe siècle[9]. À la Libération, il donne, à Gallimard toujours, son *Bouquet* et à d'autres éditeurs des volumes qui ne vont cesser de brouiller les limites génériques : des « nouvelles », *Trente à quarante* (1947), qui sont en grande partie des chroniques, genre lui-même multiple dans lequel Calet excelle et dont il va faire une espèce de « roman » avec *Le Tout sur le tout* (1948), largement alimenté par des souvenirs d'enfance ; de même, c'est en réunissant plusieurs articles et reportages qu'il donne aux Éditions de Flore, *Rêver à la Suisse* (1948) et, à Gallimard, *L'Italie à la paresseuse* (1950), vrais-faux journaux de voyage, tenant à la fois de la narration et de la réflexion sur la condition humaine, sur un ton d'humour en demi-teinte, propre à l'auteur. Les deux seuls « vrais » romans, en tout cas indiqués comme tels par Gallimard, sont *Monsieur Paul* (1950) et *Un grand voyage* (1952) : le premier est la longue confession que le narrateur adresse à son fils, âgé de quelques mois, au moment de l'abandonner, en mode de retour sur une vie qui ressemble fort à celle de l'écrivain, pendant que son exil en Uruguay, avant guerre, lui a largement inspiré le second. S'il y a eu un romancier buissonnier, dans ces années-là, ce fut bien Calet, non seulement parce qu'il ne cessa de s'accrocher, d'un bord à l'autre de ses livres, aux orties qui le tourmentaient et ravivaient à chaque fois la profonde brûlure venue de son enfance, mais aussi, et surtout, parce qu'il ne se laissa jamais arrêter par les limites que, par convention, on trace autour des champs littéraires. Cette liberté, cette aisance à se mouvoir de-ci de-là, ce talent capable de tirer, dans le même temps, un sourire comme une larme à son lecteur, lui valurent une large reconnaissance de ses pairs et, depuis le début des années 1980, lui assurent une nouvelle famille d'amateurs, les rééditions, voire la publication de nouveaux titres formés par la réunion de divers textes – *De ma lucarne* en 2000 ou *Jeunesses* en 2003 – l'attestent suffisamment. De la vingtaine de romanciers qui bénéficient d'une « revie » – outre Guérin, Hyvernaud ou Malaquais, on peut citer Marc Bernard, Pierre Herbart, ou encore Jean Forton –, Calet est sans doute celui

9. Voir, par exemple, *L'Éclatement des genres au XXe siècle*, sous la direction de Marc Dambre et Monique Gosselin-Noat, Presses de la Sorbonne Nouvelle, 2001.

auquel est fait l'accueil le plus durable, vraisemblablement à cause de la vivacité de son écriture et son art de la formule : le pas n'est jamais pesant chez ce vagabond de la plume, qui dut souvent se faire journalier afin de joindre « les deux bouts », pour paraphraser le titre de son avant-dernier recueil paru chez Gallimard en 1954, avant *Le Croquant indiscret*, donné à Grasset en 1955.

Dans le cas de Paul Gadenne, mort, lui, à quarante-neuf ans le 1er mai 1956, les conditions dans lesquelles fut composée son œuvre romanesque – et là, il s'agit bien de romans au sens plein du terme pour la majorité des titres –, la visée esthétique ainsi que l'adresse au public sont totalement différentes. Atteint de tuberculose peu après la fin de ses études en Sorbonne, le jeune agrégé de Lettres classiques part, en 1933, pour un sanatorium dans les Alpes où il retournera plusieurs fois avant la guerre, empêché par la maladie d'exercer son métier de professeur ; au moment de l'invasion allemande, il quitte Paris pour Bayonne et c'est au pays basque qu'il finira sa vie. Son premier livre, *Siloé*, transpose sa découverte des sommets, de la passion amoureuse, de l'interrogation métaphysique : publié en 1941, chez Gallimard, il fut généralement apprécié, souvent rapproché de *La Montagne magique* de Thomas Mann, et laissait espérer un romancier plutôt « lumineux ». Le deuxième titre, *Le Vent noir* (Julliard, 1947), devait faire souffler un tout autre esprit, entre errance à travers les rues glaciales d'un Paris ténébreux, intrigues sentimentales troubles, climat de violence conduisant au meurtre final et, surtout, procédés de narration extrêmement complexes qui font de ce roman un des plus modernes de l'époque. On retrouve la même atmosphère énigmatique dans *La Rue profonde* (1948) et *L'Avenue* (1949) mais entourant là un questionnement sur les possibilités de l'art, ses ambitions, sa finalité – la poésie pour l'un, la sculpture pour l'autre –, Gadenne créant à chaque fois des personnages incarnant l'inquiétude spirituelle touchant au rapport entre le créateur et son œuvre, au plan divin comme humain : la crise culminera dans son dernier et monumental roman, *Les Hauts-Quartiers*, paru très posthumément, en 1973, grâce à l'opiniâtreté de sa veuve, Yvonne Parison. Mais, pour la période qui nous intéresse plus précisément, des deux ouvrages, d'accès difficile, que le romancier a publiés, *La Plage de Scheveningen* (1952) et *L'Invitation chez les Stirl* (1955) – leurs titres sont à eux seuls des pierres d'achoppement –, le premier semble nettement le plus écarté de ce que l'on peut attendre d'un « roman », si ce n'est à le relier aux quêtes médiévales de la révélation. Dans ce curieux récit, sous prétexte de partir à la recherche du tableau éponyme de Jacob van Ruisdael, depuis les rives de la Seine jusqu'au bord de la mer septentrionale, les deux protagonistes, Guillaume et Irène, ne font que s'entretenir de la culpabilité, leur ancien ami Hersent ayant été condamné à mort pour avoir publié des écrits collaborationnistes pendant l'Occupation. Tous les lecteurs perspicaces de 1952 auront reconnu dans ce réprouvé Robert Brasillach – dont Gadenne avait été le camarade en hypokhâgne, avec Maurice Bardèche et Thierry Maulnier – mais combien ont accepté de partager l'examen de conscience que l'écrivain leur proposait ? Les questions soulevées par Gadenne – comment peut-on être un écrivain doué et le complice idéologique de crimes effroyables ? Peut-on mettre à mort, pour autant, un homme qui n'a pas tué de ses mains ? – n'étaient plus tellement de saison à une époque où l'on tentait, vaille que vaille, d'oublier les errements des uns et des autres. Les rééditions, pourtant régulières à partir, elles aussi, des années 1980, n'ont touché qu'un public exigeant, patient, attiré davantage par les paysages désolés que par les endroits tapageurs. Sur les plages de Gadenne, du nord au sud, ainsi celle de l'étrange nouvelle « Baleine » (1949), ce sont encore les herbes folles qui font la meilleure compagnie.

Admirateur du navigateur Alain Gerbault, sur les traces duquel il partira pendant quelques mois en 1952, Jean Reverzy (1914-1959), en dehors de cette échappée océanienne, n'aura connu que la pénombre de son cabinet de médecin où, après ses visites, la nuit, il composa les trois romans qui lui valurent une courte notoriété, du moins le premier, *Le Passage* (1954), qui obtint le prix Renaudot, puisque *Place des Angoisses* (1956) et *Le Corridor* (1958) ne rencontrèrent qu'un succès d'estime, pour user d'un euphémisme convenu. Cet orphelin de la Grande Guerre – Camus n'est que le plus célèbre des écrivains de cette génération endeuillée –, fit ses études à la Faculté de Lyon. Ce qui explique à la fois la rapidité et la brièveté de sa réussite, c'est sans doute la volonté, forgée d'un texte à l'autre, d'inventer un mode d'expression toujours en rupture par rapport aux normes. Car, quelles que soient la qualité et l'intensité de la narration dans

Le Passage ou *Place des Angoisses*, il apparaît clairement qu'elle a été jugée trop conventionnelle par Reverzy lui-même puisque, tout en refusant de publier *Le Silence de Cambridge*, paru finalement en 1960, il s'est imposé, surtout avec *Le Corridor*, un renouvellement complet de la forme romanesque.

Le Passage se fondait essentiellement sur la connaissance de la pratique médicale, notamment de l'autopsie et ce qu'elle suppose de méditation sur l'être. L'exemple le plus probant en est fourni par une scène de dissection, où la description du travail anatomique couvre au dernier chapitre quatre pages entières, « morceau » toutefois légèrement moins long que le relevé d'une autopsie pratiquée sur la dépouille d'une vieille femme dans « Nécropsie », ensemble de textes écrits par Reverzy à l'époque où il terminait ses études. Au-delà de certaines similitudes, c'est le personnage de l'employé au dépôt mortuaire – d'abord Vincent, puis Eugène, – qui assure le lien et la continuité entre les deux épisodes : passé maître dans l'art de redonner aux cadavres disséqués une apparence « humaine », il se voit affligé dans « Nécropsie » d'un grave bégaiement ; ce « drame du langage », autre titre du même recueil, révèle qu'à partir d'un texte de jeunesse, s'est nouée dans l'imaginaire de Reverzy une relation essentielle entre la dislocation des corps, l'articulation de la parole et la naissance de l'écriture. Cette technique du découpage, l'écrivain en proposera une application absolument inédite avec *Le Corridor*, tentative de filmage au ralenti, seconde par seconde, d'un mouvement de marche, séquencé en « T1, T2, etc., et ainsi de suite jusqu'à épuisement de la question et du sujet », selon le projet de l'auteur. Une telle « autopsie » d'un organisme, ici réduit à la mécanique du pantin, ne peut se concevoir que dans une durée illimitée, à savoir nulle du point de vue romanesque, ce qui permet de prendre la mesure de la nouveauté narrative réclamée par Reverzy, proche, par sa technique, du nouveau roman, sans avoir eu le temps – quelle ironie ! –, de trouver, ne fût-ce que sur le bas-côté, sa place dans « l'école du regard ».

Avec Reverzy, nous touchons à la fin des années 1950, ce qui prouve la difficulté à se tenir dans un espace rigoureusement circonscrit en termes calendaires : ne pas partir de trop loin, ne pas aller au-delà… Notre période marque pourtant bien un passage entre la fin de l'après-guerre et le début d'une ère nouvelle. La défaite de l'armée française, la captivité des soldats, tous grades confondus, l'extermination des Juifs d'Europe, l'humiliation – ou la dépravation – de la France occupée, les massacres des populations civiles, tout est encore présent dans les mémoires et bien des récits en portent le témoignage, de façon claire, comme dans *Le Wagon à vaches* (Denoël, 1953) d'Hyvernaud, qui donne une espèce de suite à *La Peau et les Os,* ou plus souterraine, comme dans *Les Rats* de Bernard Frank [10] : décidément le registre animalier a trouvé sa fortune au moment où l'humanité doutait d'elle-même... Mais assez vite s'est ouvert un autre horizon, sans même parler de la question éthique, s'agissant des perspectives offertes par des techniques romanesques dont on croit trop souvent que ce sont les Russes ou les Américains qui les ont enseignées aux Français : quelle que soit leur connaissance d'un Dostoïevski ou d'un Faulkner, aucun des écrivains évoqués n'est entièrement redevable à tel ou tel prédécesseur venu d'une autre culture. Les romanciers français d'après 1945 ont su explorer, dans leur langue et leur imaginaire, un endroit jusque-là encore mal défriché du champ narratif, celui où derrière la banalité du récit se dissimule la destinée la plus angoissante, la déréliction la plus tragique : si l'on veut finir par un auteur exemplaire de cette époque, il n'est que de citer Jean Cayrol qui crée le roman « lazaréen » avec *Je vivrai l'amour des autres* et, dans *Le Déménagement* [11] perçoit dans les « choses » – ce dont se souviendra Georges Perec quelque dix ans plus tard [12] – la cause d'un anéantissement individuel. La distance infinitésimale des êtres aux objets, ou des hommes aux bêtes, bien des œuvres romanesques s'en sont fait l'expression au tournant des années 1950 : elles ne furent pas toujours comprises, elles purent même être rejetées, mais le temps montrera, patiemment et sûrement, que sans elles, dans le domaine de l'histoire littéraire au moins, aucun édifice durable ne saurait se construire.

Bruno Curatolo

10. Éditions de La Table Ronde, 1953.
11. Éditions du Seuil, 1947 et 1956.
12. Julliard, 1965.

Place des hussards

> « *Quoi qu'il en soit, Nimier est de loin le favori d'un groupe de jeunes écrivains que, par commodité, je nommerai fasciste. Blondin, Laurent, en sont les prototypes.* »

En décembre 1952, Bernard Frank publie, dans *Les Temps modernes*, un article promis à un avenir imprévisible : « Grognards et hussards ». L'histoire littéraire, lorsqu'elle se souvient qu'entre l'existentialisme et le nouveau roman il a existé autre chose, retient ce nom de « hussards » qu'« un débutant qui n'a publié aucun livre et dont la pointure d'âge ne dépasse pas le 22, le 23 à tout casser ! »[1] a inventé pour réunir des gens, qui se connaissaient peu ou pas, dans une fraternité ironique de petits épigones de Stendhal. Le nom, « hussards », vient tout naturellement à l'esprit quand on sait que l'auteur du *Hussard bleu* en est le chef de file. « Ce titre était déjà une trouvaille », écrit Frank en rappelant que Stendhal voulait appeler son *Lucien Leuwen*, *Le Chasseur vert*. Le stendhalisme était dans l'air et pas seulement dans le roman puisque dès 1946 Maurice Bardèche rapprochait Restauration et Épuration dans son *Stendhal romancier* ; en 1949, le jeune Roger Nimier donnait dans *Aspects de la France* des

1. Postface de 1984 à la réédition de « Grognards et hussards », Flammarion, « Mille & une pages ».

« Réflexions sur la mort de Julien » ; un peu plus tard, ce furent des « Stendhal » de gauche avec *Stendhal par lui-même* de Claude Roy (1951) et *Lumière de Stendhal* d'Aragon (1954).

L'article de Bernard Frank était la réplique des *Temps modernes* à des écrivains qui commençaient à prendre de l'importance, soutenus par les anciens, les « grognards », mais aussi par une presse grand public et par des revues – *La Table Ronde* et, bientôt, *La Parisienne*. Il leur arrivait de s'en prendre directement au maître à penser des lieux, Jean-Paul Sartre. Jacques Laurent – *Paul et Jean-Paul* – dans *La Table Ronde*[2], comparait l'écrivain et penseur de gauche à Paul Bourget, auteur désuet et franchement conservateur. Roger Nimier raillait dans *Opéra* – « Existe-t-il une nouvelle littérature ? » – le « naturalisme métaphysique » du roman existentialiste. Quant à Antoine Blondin, le plus agressif du trio, il se moquait, dans *Rivarol*, de la mode de l'existentialisme lancée par « une sorte de crapaud replet enfoui dans le tweed et une amazone myope [qui] troussaient des concepts en toute simplicité, à deux pas du croquant, comme on fabrique des gaufres »[3].

Inutile de dire que la riposte de Frank accable ces jeunes « lurons », ces « têtes folles », ces « drôles », ces « au-courant de la plume ». Les Hussards ne sont que des faiseurs conformistes et, pire encore, des « fascistes ».

En inventant les « Hussards », Bernard Frank ne fondait pas un groupe. Dès 1949, Roland Laudenbach, journaliste, romancier et, surtout, directeur des éditions de La Table Ronde les avait déjà réunis :

> Ce n'était pas *La Garçonne* qui était un livre scandaleux, c'était *Le Diable au corps*. De même aujourd'hui, ce ne sont pas *Les Amours buissonnières*, c'est *L'Europe buissonnière*. Avec Jean Genet, avec Simone de Beauvoir, on s'entendra toujours. Clins d'œil, jeux de griffe. Mais ce recul immédiat que prennent par rapport aux événements, et ce regard insolent que portent de jeunes écrivains comme

2. Republié presque immédiatement par Grasset... sans autorisation.
3. « La couleur des bretelles d'Adolf a déterminé la vocation de Jean-Paul Sartre », *Rivarol*, 2, 25 janvier 1951.

> Roger Nimier, Jacques Laurent, Antoine Blondin, voilà l'intolérable. Les puritains n'ont pas fini de pleurer.[4]

À l'origine les hussards étaient trois ; plus tard on leur adjoignit Michel Déon qui, en 1952, avait très peu publié, séjournait souvent hors de France et ne bénéficiait donc pas de la même estime ou de la même réprobation que les autres. Ainsi les hussards furent quatre comme les mousquetaires de Dumas, dont ils se sentaient certainement plus proches que du « hussard romantique » en quoi Sainte-Beuve aimait à travestir Stendhal.

Ils n'ont jamais accordé une grande importance à ce nom car il n'était pas dans leur tempérament individualiste de participer activement au débat littéraire. Et leur présence, bien assurée dans des sphères aussi influentes que la presse et l'édition, le succès de leurs livres, de leur activité dans le cinéma ne leur ont guère apporté de profit symbolique. Bien plus tard, alors que l'aventure était terminée depuis longtemps, ils ont moqué la manie des étiquettes propres à l'histoire littéraire... futilité de professeurs.

Antoine Blondin : « Les hussards, c'était Nimier, Laurent, Déon et moi. On ne s'est jamais rencontré tous les quatre. Je les voyais séparément, mais tous les quatre ensemble jamais. [...] Une seule fois, dans le quartier des Champs-Élysées, on a décidé de se retrouver à trois, Nimier, Laurent et moi. On est allé dans un restaurant italien et on a parlé de cuisine pendant deux heures. »

Michel Déon : « Combien de fois m'a-t-on demandé de parler des "hussards" ? C'est le pont-aux-ânes des interviewers. À la longue, je finirai par croire qu'ils ont réellement existé, qu'ils étaient bien quatre comme les préfaciers de Fraigneau et comme les mousquetaires de Dumas, et perpétraient mille coups audacieux contre la dictature alors rayonnante et policière de l'existentialisme ou la renommée disproportionnée de l'honnête homme que fut Albert Camus. »

Jacques Laurent : « Une légende que l'on retrouve dans les histoires littéraires veut que Nimier, Blondin, Déon et moi ayons sous

4. *Aspects de la France*, 28-7-1949, réponse à l'« enquête sur la contre-révolution dans les Lettres ».

le vocable de hussards – mot que je déteste en bon fantassin – fondé une école qui était une manière de complot, plus ourdie qu'élaborée et cette légende est assez sotte ; je ne lisais guère Nimier, Nimier ne me lisait guère et quant à nous rencontrer tous les quatre, je veux dire avec Déon et Blondin, cela ne nous arriva jamais, du moins à ma souvenance. »[5]

Que ce groupe n'ait jamais fait preuve d'une forte conscience de lui-même ne doit pas nous empêcher d'y croire puisqu'aussi bien l'histoire culturelle d'une part, l'histoire littéraire de l'autre lui accordent une place dans l'Histoire de l'après guerre. Pour l'une, c'est le courant droitier de la culture française ; pour l'autre, la réaction néo-classique à la littérature de témoignage, au roman engagé et, à l'autre extrémité du champ, au nouveau roman. Et il est vrai que la France de la IVe République des Lettres – les dates ne coïncident pas tout à fait avec le calendrier politique – est pour une part la république des Hussards. Entre 1948 et 1962, le quatuor a publié quelques œuvres où s'exprime la sensibilité du demi-siècle. Nimier : *Les Épées* (1948), *Le Hussard bleu* (1950), *Perfide* (1950), *Les Enfants tristes* (1951), *Histoire d'un amour* (1953), *D'Artagnan amoureux* (1962) ; Blondin : *L'Europe buissonnière* (1949), *Les Enfants du Bon Dieu* (1952), *L'Humeur vagabonde* (1955), *Un singe en hiver* (1959). Laurent (entre deux Cecil Saint-Laurent) : *Les Corps tranquilles* (1949), *Le Petit Canard* (1954). Déon : *Je ne veux jamais l'oublier* (1950), *La Corrida* (1952) *Le Dieu pâle*, roman (1954), *Tout l'amour du monde I & II* (1955, 1960) *Les Trompeuses espérances* (1956), *Les Gens de la nuit* (1958), *Le Balcon de Spetsai* (1961).

Un mot sur le choix de ces dates. La mort de Nimier et la fin de la guerre d'Algérie ne signifient pas la dissolution d'un groupe, dont on vient de dire qu'il est resté très formel, mais marquent la fin d'un *climat* : la France de la première moitié des « Trente glorieuses », avec ses affrontements idéologiques et esthétiques. Des années de torpeur gaulliste – « La France s'ennuie » – suivront, avant le grand monôme de 68 dans lequel les hussards n'ont plus leur place.

5. Respectivement dans : *Le Flâneur de la rive gauche*, François Bourin, 1988, p. 107, *Bagages pour Vancouver*, réédition Folio, p. 141 – voir également l'entretien accordé à Alain Cresciucci, dans ce volume –, *Histoire égoïste*, Folio, p. 415.

Ces romanciers sont, effectivement, profondément différents les uns des autres. Petr Kyloušek (« La poétique subversive des hussards ») parle à juste titre d'un « mouvement littéraire sans programme explicitement formulé »[6], ce qui serait, selon lui, bien dans l'air d'un temps de transition entre l'ère des écoles littéraires (du romantisme au surréalisme) et l'individualisme des années 1970. Laissons-lui la responsabilité de ce raccourci pour insister plutôt sur leur refus rebelle d'aliéner leur indépendance. Et Dieu sait que les commentateurs, « grognards » de la critique et autres, furent nombreux à les intégrer dans des cohortes improbables que fédéraient approximativement tantôt des prédilections idéologiques, tantôt un goût pour une littérature non encagée… et parfois les deux. Maurice Nadeau les a vus en rejetons d'une famille de grands écrivains discrédités par l'Histoire :

> Au roman à thèse et d'ambitions métaphysiques, ils entendent substituer le roman distrayant, spirituel, « bien écrit ». Le seul commandement auquel veuille obéir la revue *La Parisienne*, c'est celui de « plaire ». Assez d'outrances, assez de brutalité primaire, assez de jargon ! Les maîtres que se donnent Jacques Laurent, Roger Nimier, Antoine Blondin sont d'anciens « collaborateurs » ou des non-résistants : Jacques Chardonne, styliste fin et délicat, Paul Morand, romancier à la mode des années vingt, l'humoriste Marcel Aymé qui, dans un essai ambigu, vante le « confort intellectuel », Jean Giono, qui s'est retiré des agitations du siècle ; parmi les ancêtres : Stendhal, réduit aux dimensions d'un « petit maître ».[7]

D'autres, comme R. M. Albérès ont enrôlé des hussards de gauche comme Roger Vailland ou Claude Roy et même une hussarde, Louise de Vilmorin. Au détour des critiques, on leur a adjoint des anciens comme André Fraigneau, Jacques Perret ou Kléber Haedens, des plus jeunes comme François Nourissier, Françoise Sagan, un catholique comme Michel de Saint-Pierre. Et même Bernard Frank, lui-même.

6. *Études romanes de Brno*, 22, 2001.
7. *Le Roman français depuis la guerre*, réédition Le Passeur, 1992, p. 134.

Cependant, deux noms, jamais cités, méritent plus que tout autre d'être associés aux hussards : Stephen Hecquet et Roland Laudenbach. Le seul argument qui puisse empêcher de les intégrer au *groupe* est que l'un des traits distinctifs des Hussards est de se définir d'abord comme des écrivains. Stephen Hecquet était en même temps écrivain, journaliste et, professionnellement, avocat. Parmi ses romans, retenons *Daniel* (1946), dans lequel il trace le portrait d'un jeune homme, son double, qui se heurte à la médiocrité des hommes et du temps et qui finit par abandonner la lutte en rentrant dans le rang par un mariage bourgeois ; retenons aussi *Anne ou le garçon de verre* (1956), brillant petit roman d'analyse qui met en scène un homme mûr, un jeune homme et une jeune femme dans un marivaudage homo- et hétérosexuel. Sans oublier deux pamphlets, qui lui assurèrent une petite notoriété de provocateur : *Faut-il réduire les femmes en esclavage* (1955) et *Les Guimbardes de Bordeaux* (1958), réponse d'inspiration Révolution nationale aux gaullistes *Taxis de la Marne* de Jean Dutourd.

Roland Laudenbach, éditeur de chacun (à un moment ou à un autre), ami de tous est sans doute celui qui rêva le plus à la constitution d'un véritable groupe bâti sur des affinités électives. Entre 1946 et 1951, il écrivit trois romans, sous le pseudonyme de Michel Braspart – utilisé également dans le journalisme – : *Le Voyage de Jérôme*, *Le Divertissement* et *La Mauvaise Carte*. Il se consacra ensuite à la direction des éditions de La Table Ronde et à une féconde carrière de scénariste et de dialoguiste.

Qualifiés de « fascistes » par Bernard Frank – dans la revue de Sartre, le mot embrassait les anciens collaborateurs aussi bien que les gaullistes –, les hussards adoptaient, chacun à leur manière, des postures contestataires, dans leurs romans et dans leurs articles. À contre-courant de l'idéologie intellectuelle dominante bien ancrée – malgré des divergences plus qu'évidentes entre courants communistes, proche des communistes ou anti-communistes – à gauche, ils affichaient un désengagement assez particulier. Blondin avant de devenir la grande plume de *L'Équipe* fit ses premières armes journalistiques à l'extrême droite, Laurent et Déon, plus discrets ne renièrent jamais leur maurrassisme. Quant à Nimier, idéologiquement plus difficile à saisir, il se voulait à la fois socialiste monarchiste et gaulliste, mais prenait un malin plaisir à provoquer la *bienpensance* en fustigeant la veulerie du temps dans, par exemple, les petits essais du *Grand d'Espagne* (1950). Si l'on ajoute que tous marquaient une sérieuse prédilection pour les écrivains inscrits sur la liste noire du Comité national des écrivains, de Chardonne à Morand en passant par Céline, Giono, Fraigneau[8]..., qu'ils exagérèrent l'importance littéraire de Brasillach (voir l'hommage dans *Défense de l'occident* en 1955) pour stigmatiser son exécution, qu'ils restèrent fidèles (chacun pour des raisons différentes) à l'Algérie française, on aura établi le profil parfait de l'écrivain de droite, espèce stigmatisée aussi bien dans *L'Express* (« À la recherche des intellectuels de droite », décembre 1954) que dans *Les Temps modernes* sous la plume de Simone de Beauvoir (« La pensée de droite », juin-juillet 1955), et aujourd'hui encore regardée avec suspicion.

Au tournant des années 1940-1950, et dans la décennie qui suit, les hussards ont porté sur leur époque un regard romanesque frondeur, brouillant les repères politiques et moraux qui avaient force de loi. Mais l'intérêt est surtout dans la manière dont ils ont porté la contestation. Ils choisissent d'inverser les stéréotypes : Nimier adopte un ton cynique pour évoquer l'hésitation de son personnage entre Résistance et milice dans *Les Épées*, puis il fait du *Hussard bleu* le champ d'un dialogisme ébouriffant; Blondin transforme la guerre, la Résistance, la Collaboration et le STO en une épopée carnavalesque dans *L'Europe buissonnière* ; Laurent, en avance sur le *Lacombe Lucien* de Malle et Modiano, médite sur la culpabilité et l'innocence dans *Le Petit Canard*. Il ne s'agit pas simplement de provocation ou de désinvolture, ni de renverser la pesanteur existentialiste en une légèreté simplement ludique : le roman doit divertir le lecteur, pas lui faire la leçon, mais en même temps il interroge son temps. Les hussards prennent la littérature au sérieux et, pourtant, leur discrédit – outre la stigmatisation politique – vient de l'accusation de dilettantisme. Parce qu'ils n'ont pas donné le sentiment de suer sur le métier, parce

8. Pour lequel on trouve une des rares manifestations de leur complicité : ils rédigèrent quatre cartes-préfaces pour la réédition en 1956, chez Plon, de *L'Amour vagabond*.

qu'ils n'ont pas disserté sur le renouvellement de l'art romanesque, ils sont relégués au rang d'habiles faiseurs.

Si l'ambiguïté des valeurs fournit une part de leur thématique, la confusion des sentiments fournit l'autre. *Les Enfants tristes* de Nimier, *Les Enfants du bon Dieu* de Blondin, *Je ne veux jamais l'oublier, Les Gens de la nuit* de Déon ouvrent la voie à une sensibilité qui s'exprime avec succès tout au long des années 1950 et au début des années 1960 aussi bien en littérature qu'au cinéma. Ce n'est pas pour rien que Pingaud (*L'Amour triste*), Nourissier (*L'Eau grise, Les Orphelins d'Auteuil*), Sagan (*Bonjour tristesse*) sont parfois (abusivement) rattachés aux hussards. Le mal du demi-siècle qui s'exprime dans leurs romans est une forme du désarroi de la génération à qui la guerre a volé son adolescence ou sa jeunesse[9].

Au-delà des différences entre auteurs, il existe un héros « hussard ». C'est un individualiste déchiré entre sa représentation du monde (celui de ses idées, de ses affections) et le monde tel qu'il est. Mais ce déchirement, qui du désir de bonheur conduit au malheur ou, au moins, à la résignation – Patrice Belmont de *Je ne veux jamais l'oublier*, Olivier Malentraide des *Enfants tristes*, Sébastien Perrin des *Enfants du bon Dieu* – il veut le vivre avec élégance.

Au cinéma, les petits frères des Hussards s'appellent Nouvelle Vague. Avant de tourner, par opportunisme et/ou conviction, à gauche, plusieurs des jeunes critiques, et futurs réalisateurs, des *Cahiers du cinéma* étaient classés apolitiques ou à droite[10]. Preuve de la connivence entre l'esprit non conformiste des années 1950 et ces jeunes turcs de la critique cinématographique, leur participation à l'hebdomadaire *Arts*, financé et dirigé par Jacques Laurent[11]. Dans les pages cinéma, confiées à Jean Aurel, les Godard, Truffaut, Chabrol, Rohmer exécutent le *vieux* cinéma – l'académisme de la « qualité française » –, exaltent les « auteurs », préparent leur ave-

9. Le cas de Sagan est un peu particulier. Née en 1935, enfance protégée pendant la guerre, elle entre dans la vie précocement dans l'effervescence des années Saint-Germain, apparaissant donc comme la petite fille surdouée de l'après-guerre.

10. Voir l'opposition idéologique entre *Les Cahiers* et *Positif*.

11. Après avoir lancé *La Parisienne* en 1953, il reprend l'hebdomadaire de Daniel Wildenstein, *Arts*, en 1954, grâce aux droits d'auteur des *Caroline* qu'il signe Cecil Saint-Laurent.

nir. Moins élitiste que les *Cahiers*, *Arts* offre une tribune plus accessible au grand public.

Il est bien dommage que les hussards n'aient considéré le cinéma que comme une activité alimentaire. *Les Cahiers du cinéma* parlaient, en 1956, d'une « école de la Table Ronde » qui, hélas, semblait faire long feu. Roger Leenhardt mettait pourtant quelques espoirs dans ces jeunes écrivains : « ... il faut avouer qu'à l'opposé d'un certain gauchisme lyrique, où bien des impuretés ont été mêlées, l'élément le plus valable au point de vue de la présence (là où ça remue), est tout un groupe de jeunes écrivains dont les frontières sont difficiles à définir, mais qui étaient plus ou moins autour de La Table Ronde, que nous voyons passer actuellement au théâtre, et qui s'intéressent d'assez près au cinéma. » Si l'on excepte la très belle adaptation d'*Une vie* de Maupassant par Alexandre Astruc et Roland Laudenbach, le scénario de Roger Nimier pour *Ascenseur pour l'échafaud* de Louis Malle, peut-être celui (toujours de Nimier) pour *Les Mauvaises Rencontres* d'Astruc – parfois cité comme un jalon dans l'élaboration du nouveau cinéma français – et, celui beaucoup plus tardif (1969) de Blondin pour le film d'Édouard Luntz, *Le Dernier Saut*, il faut bien avouer que les contributions hussardes au septième art ne sont pas mémorables. Mémorables ou pas, elles furent nombreuses : *La Route Napoléon* de Jean Delannoy, *Obsession* du même, *Secrets d'alcôve* (sketch de Jean Delannoy, *Le Lit de la Pompadour*), *La Foire aux femmes* de Jean Stelli pour Blondin ; *Les Grandes Personnes* de Jean Valère et *L'Éducation sentimentale* d'après Flaubert d'Astruc pour Nimier. Les plus abondantes furent celle de Laurent/Saint-Laurent (les plus chaotiques aussi) : *Lucrèce Borgia* de Christian-Jaque, *Frou, Frou* d'Augusto Genina, *Paris canaille* de Pierre Gaspart-Huit, *Le Secret du chevalier d'Éon* de Jacqueline Audry, *Le Masque de fer* d'Henri Decoin... tout juste rattrapées par trois adaptations de classiques : *De l'amour*, *Lamiel* et *Manon 70* de Jean Aurel[12].

12. Contrairement à ce qu'indique la très érudite *Histoire du cinéma français* de Bessy, Chirat et Bernard (Pygmalion), on ne saurait porter au crédit (au discrédit) de Jacques Laurent/Cecil Saint-Laurent une participation à *La p... respectueuse*, d'après la pièce de J.-P. Sartre, de Marcel Pagliero et Charles Brabant. À signaler que Cecil Saint-Laurent est l'auteur complet de *Quarante-huit heures d'amour* en 1969.

Et on touche là un aspect capital de la poétique hussarde, son refus des hiérarchies intellectuelles institutionnelles, disons même leur subversion. Romanciers, ils dédaignent aisément le roman pour le journalisme. Chroniqueurs, directeurs, patrons, on les rencontre dans des revues culturelles – *La Table Ronde*, *Opéra*, *La Parisienne*, *Arts* – mais aussi à *Elle*, *Jour de France*, *Marie-Claire*. Ils donnent des articles à des journaux politiques – de *Rivarol* à *La Nation française* en passant par *Aspects de la France* ou *Le Bulletin de Paris* – ou à des quotidiens – *L'Équipe*, *Paris-Presse*, *L'Aurore* [13]. Bien sûr, le délaissement de l'œuvre *sérieuse* ne s'explique pas si facilement. Pour Blondin et Nimier, les doutes sur leur vocation et leur puissance de romancier ont compté plus qu'on ne le pense. Laurent s'est vite retrouvé prisonnier du succès de ses *best-sellers*. Seul Déon, qui cependant œuvra beaucoup dans le journalisme, a poursuivi patiemment une carrière qui ne le plaça sur le devant de la scène que vers la cinquantaine avec *Les Poneys sauvages.* Ajoutons pour bien rester dans le réel que tous avaient envie de vivre et besoin de gagner leur vie. Mais tout de même, se manifeste chez eux un rejet de la posture intellectuelle (certains diront que c'est bien une attitude de *droite*) du penseur sérieux et ennuyeux. Ainsi *La Parisienne* se donnait-elle comme seul programme de ne pas être un « cours du soir ». Et dans les revues et journaux où ils exercèrent une influence, ils s'appliquèrent à trouver un ton nouveau, perturbant les codes de la bonne conduite, comme Nimier titrant un de ses articles d'*Opéra* « Surprise à Marigny, Jean-Louis Barrault encore plus mauvais que d'habitude », ou Jacques Laurent invitant, dans le troisième numéro de *La Parisienne*, à débattre de la prostitution [14], apportant à de simples *papiers* une culture et un brio dont les centaines d'articles de Blondin pour *L'Équipe* constituent l'exemple indépassable.

Pour établir les hussards à leur vraie place, il est indispensable de renoncer à la tyrannie de l'ascèse, à cette imposture des clercs qui veut que l'œuvre soit souffrance et qui les fait se précipiter (pas for-

13. La signature des uns ou des autres figure dans les titres cités (et dans d'autres), mais ils n'ont pas tous écrit dans tous les titres cités.
14. « Bonté de la maison » de Marcel Aymé, plaidant pour la réouverture des maisons closes, causa un petit scandale.

cément pour très longtemps) vers l'abscons, l'ennuyeux, le nouveau quel qu'il soit ou presque, et qui confondent élégance et facilité [15]. Les hussards ont exagéré, par dandysme, leur détachement de la chose littéraire – de l'œuvre, de la carrière. Ils n'ont pas su ou pas voulu tenir ou faire tenir le discours d'accompagnement, première étape de l'exégèse, qui prépare la légitimation à long terme. Soutenus par une critique non savante, jugés par des commentateurs hostiles – heureusement le courant commence à s'inverser [16] –, ils n'ont pas accès à la consécration scolaire et universitaire, qui n'est pas si négligeable que cela en matière de postérité.

Il faudrait aussi que les préjugés idéologiques qui, quoi qu'on en dise, orientent aujourd'hui encore la réception des auteurs et des œuvres [17] ne constituent pas un critère de sélection. Écrivain de droite n'est pas la meilleure façon de passer à la postérité – Céline et, à un degré moindre, Drieu la Rochelle ne sont pas réellement des contre-exemples. En 1955, Roland Barthes, dans une hâtive « Petite sociologie du roman français contemporain » écrivait : « ... il est certain que dans la bourgeoisie en général, il existe un public particulier, dessiné par la lecture des ouvrages de Chardonne, Fraigneau, Nimier, Blondin et Laurent, et dont l'unité est celle d'une idéologie particulière, sorte de "droite" militante et déclarée... » [18]. Aujourd'hui, dans le florilège (ou, plus justement, le sottisier) des commentaires péremptoires, on pourrait citer le confusionniste

15. Comme dans ce livre culte des études littéraires (*La Littérature en France depuis 1945*, Bordas) : « Car nous retrouvons ici, de plus en plus accentuée, la cassure que nous avons décelée entre deux littératures, celle qui prétend à la recherche et celle qui vise à la consommation. Le succès semble réservé aux seuls livres faciles, ceux qui adaptent les découvertes des autres, les transformant en recettes sans danger. On pourrait à la limite considérer que tous ces livres ne relèvent que du pastiche, au modèle toujours reconnaissable : Balzac et/ou Stendhal, Gide, Giraudoux, Morand. »

16. Rappelons les travaux de Marc Dambre, Alain Cresciucci, Petr Kyloušek ; les thèses de Marie-Hélène Ferrandini sur Déon, Sandrine Marcillaud sur Blondin, François-Jean Authier sur Laurent.

17. Exemple anecdotique et cocasse : les protestations des « républicains de tout horizon » de La Garenne-Colombes contre l'attribution du nom de Kléber Haedens (« écrivain d'extrême-droite ») qui a agité, à l'automne 2008, le 9-2, et jusqu'au « blog » de Pierre Assouline, gardien-chef des valeurs morales et littéraires.

18. *Œuvres complètes*, tome I, Éditions du Seuil, 1993.

Jean-Pierre Salgas[19] qui rejoue « Grognards et hussards » avec ses « Laclave et *Inrock* » où l'aimable Jean-Marie Laclavatine et *Les Inrockuptibles*, l'organe officiel du conformisme politiquement correct (en concurrence avec *Télérama*), occuperaient la place des Hussards[20]. Sans oublier, bien sûr, le couplet sur Vichy, sans quoi il n'y aurait pas de courage littéraire, pour ne pas dire de résistance : « Puis c'est la réhabilitation des hussards, surtout d'Antoine Blondin, de Roger Nimier, de Jacques Laurent et de leur rapport à l'Histoire (Anne Simonin l'a bien montré : le "roman historique" est leur "écriture", qui permet de la rendre contingente, et de dédouaner certains d'entre eux de leurs compromissions vichystes). »

Le lecteur contemporain des hussards ne perçoit pas, quand il lit Blondin, Déon, Laurent ou Nimier, le parfum vénéneux du vichysme car il n'est guère entêtant dans leurs romans. Il se peut même qu'il ignore le pedigree de ces auteurs, ou qu'il s'en moque. Mais pourra-t-il continuer à les lire, si l'histoire littéraire et tous les *experts* en charge du patrimoine continuent de les minorer ?

Alain-Jean Léonce

19. Surtout parce qu'il est publié par l'Association pour la diffusion de la pensée française (ADPF), sur papier et en version électronique !

20. « Dans les Laclave d'aujourd'hui, on retrouve évidemment les anciens hussards. Pourquoi *Les Inrockuptibles* dans le rôle structurel qui fut celui des hussards ? à cause de la conversion de l'hebdomadaire – de Michel Rocard à Karl Zéro. À l'abri d'une mémoire convenue de l'Histoire et de la bibliothèque (hommages à Manchette, Daney, Lindon ou Bourdieu), le "ton" est de plus en plus devenu amnésique, "générationnel" et second degré, "moderne" façon Canal+ ». Tout ça n'est pas très clair et, pour tout dire, franchement grotesque.

Tombeau pour Alain Robbe-Grillet (1922-2008)

Requiem (allegro)......

Désigné (abusivement) comme « Pape du Nouveau Roman », vilipendé abondamment, Alain Robbe-Grillet a souvent défrayé la chronique littéraire, par ses prises de position théoriques tranchées, par la facture et la thématique de ses romans et de ses films. Facétieux et transgressif, il a été élu à l'Académie française en 2004 et a disparu sans avoir été intronisé, alimentant une sorte de suspens ironique... Il incarne un versant dérangeant des recherches scripturales dans le troisième quart du XXe siècle : il a stimulé le questionnement sur les enjeux de la littérature, étonné et choqué les lecteurs. Envisagée avec quelque recul, sa démarche apparaît comme un défi esthétiquement pertinent et significatif d'une période historique.

Le porte-parole de la subversion

Les articles théoriques de Robbe-Grillet, écrits de 1956 à 1963 et réunis dans *Pour un nouveau roman* (Minuit), ont attiré l'attention : « On parlait de nous... », se félicitera-t-il plus tard, et ce « nous » impliquait une nébuleuse d'écrivains qu'il a contribué à réunir, autour des éditions de Minuit notamment [1]. Au lendemain de la guerre, il est

1. Voir Roger-Michel Allemand, *Le Nouveau Roman*, Ellipses, 1996. Francine Dugast-Portes, *Le Nouveau Roman, une césure dans l'histoire du récit*, Nathan, 2001.

revenu du Service de travail obligatoire à travers une Europe livrée au chaos. Sa formation d'ingénieur agronome le conduit outremer. Il propose, en 1949, *Un régicide*, refusé aux éditions Gallimard. En 1953 les éditions de Minuit acceptent *Les Gommes*. En 1955 *Le Voyeur* reçoit le Prix des critiques, et suscite une querelle littéraire. Alain Robbe-Grillet s'est lié d'amitié avec Jérôme Lindon, dont il sera le conseiller de 1955 à 1985. Il joue là un rôle important. Il saisit et théorise les nouvelles tendances narratives, prend acte d'une césure dont il participe, et composera jusqu'à la fin des chroniques stimulantes recueillies dans *Le Voyageur* (2001) et *Préface à une vie d'écrivain* (2005). Il est un des fondateurs du prix Médicis en 1958. Il enseigne la littérature contemporaine aux États-Unis (1972-1997), et dirige le Centre de Sociologie de la littérature à l'université de Bruxelles de 1980 à 1988. Romancier et cinéaste[2], il est très discuté, pour son illisibilité et sa thématique érotique. Après la publication au cours des années 1980 des *Romanesques*, trois volumes de « nouvelle » autobiographie généralement appréciés, il étonne encore avec *La Reprise* (2001), mais *Un roman sentimental* en 2007 est accueilli de façon négative. Sollicité par certains membres de l'Académie française, il s'était interrogé dans *Livre-hebdo* en 2000 : « Est-ce que je m'y amuserais vraiment ? [...] Jusqu'à nouvel ordre, rien à y gagner. » Hostile aux rituels de l'institution, il n'y a jamais siégé.

Nathalie Sarraute le louait au colloque de New York en 1982 d'avoir promu avec vaillance les recherches littéraires de l'après-guerre. Il défendait des thèses voisines des siennes[3], confortant dans son plaidoyer une mouvance littéraire qu'illustraient déjà les œuvres discutées, mais remarquées, de Sarraute, Beckett, Pinget, Butor, Ollier, Simon – le nouveau roman proprement dit, tel que le délimitera Jean Ricardou. Ils s'inscrivent explicitement dans une lignée que Robbe-Grillet inventorie, de Cervantès à Kafka et Joyce en passant par Diderot, le Gide des *Faux-Monnayeurs*, le Sartre de *La*

2. Il débute en 1960, avec *L'Année dernière à Marienbad*, réalisé par Alain Resnais, dont il compose le scénario.
3. Paraissent alors de Nathalie Sarraute *L'Ère du soupçon* (Gallimard, 1956), de Michel Butor *Essais sur le roman* (Éditions de Minuit, 1964), de Jean Ricardou *Problèmes du nouveau roman* (Éditions du Seuil, 1967).

Nausée... Claude Mauriac, dans deux ouvrages consacrés à l'alittérature (1951 et 1958), avait énuméré les devanciers et les novateurs contemporains, que cite aussi Bernard Pingaud dans son dictionnaire *Écrire aujourd'hui* (Grasset, 1960) : Beckett, Blanchot, Cayrol, Césaire, Cioran, Duras (que Robbe-Grillet mentionne toujours comme compagne de route), des Forêts, Genet, Ionesco...

Robbe-Grillet avait à coup sûr partie liée avec les plus radicaux. Émile Henriot les avait baptisés « nouveau roman », dans un article du *Monde* où en 1957 il les pourfendait. Dans cette sorte de querelle des anciens et des modernes, Robbe-Grillet se trouve en première ligne. Excellent pédagogue, brillant conférencier, dans de nombreux débats et tables rondes, il défend une transformation du récit que rend inévitable selon lui l'évolution de la pensée. Il ferraille contre les séides de Balzac et soutient « tous ceux qui sont décidés à inventer le roman, c'est-à-dire à inventer l'homme ». Il dénonce « quelques notions périmées », montre comme Sarraute l'amuïssement, dans les romans les plus neufs, du personnage et de l'histoire – corollaire de la perte des illusions de l'humanisme traditionnel fondé sur l'anthropocentrisme ; il dénonce aussi le dogme de l'engagement alors si prégnant. Il promeut la description comme outil de destruction du récit traditionnel, mais affirme fortement la présence d'une subjectivité. Ce pamphlet clair et allègre entraîne l'adhésion de nombreux universitaires, aux États-Unis particulièrement, et sert en France à l'établissement de programmes de textes qu'on pense propres à subvertir l'ordre établi. Globalement l'Université est très liée à l'aventure du nouveau roman, comme le montrent les colloques multiples, ceux de *La Nouvelle Critique* à Cluny, ceux de Cerisy. Roland Barthes, *Tel Quel*, nombre d'intellectuels dialoguent avec les écrivains. Les réactions de refus sont proportionnées à l'engouement. Diabolisant Robbe-Grillet, Pierre de Boisdeffre prophétise dans *La cafetière est sur la table* en 1967 la mort de la littérature : « Méditez cet axiome, Robbe-Grillet : *chaque lecteur que vous gagnez est un lecteur perdu pour la littérature romanesque* [...]. Avec ce filet de voix exténuée agonise le vieux mystère de l'Écriture, par qui le Verbe se faisait chair » (p. 146-147).

Les textes théoriques roboratifs de Robbe-Grillet correspondent parfois plutôt à sa propre démarche : les refus étaient communs, on

« proscrivait », mais on ne « prescrivait » pas, et le personnage de Pape était une création médiatique. Reste que dans l'ensemble la subversion des modalités de récit est très bien défendue par Robbe-Grillet.

Le lecteur en désarroi…

La démarche théorique ne précédait pas la création : Robbe-Grillet dès ses premiers ouvrages sort du moule habituel. *Dans le labyrinthe*, par exemple, confronte immédiatement le lecteur à des modalités d'énonciation insolites : la première page juxtapose des assertions contradictoires sur le temps, puis une pièce est décrite, soigneusement donnée comme coupée du monde extérieur. Des objets sont mentionnés – par leur absence même, par les traces laissées dans la poussière. Les personnages d'un tableau décrit s'animent tout à coup, programmés par la légende ; des bribes d'événements se recoupent, un soldat d'une armée défaite cherche dans une ville enneigée le destinataire d'une boîte qui lui a été remise par un mourant. Presque aucun nom propre n'apparaît, des pantonymes désignent les personnages – le soldat, la femme, l'enfant… Les événements semblent se répéter en boucle avec des variations contradictoires, bien que la nuit succède au jour ; les interprétations s'annulent les unes les autres, au fil de constats énigmatiques prêtés au soldat.

Ce type d'énonciation si éloigné des assertions du roman traditionnel se retrouve dans l'ensemble du nouveau roman, et dans *Préface à une vie d'écrivain* (*op. cit.*), Robbe-Grillet, sous le titre « Le principe d'incertitude », cite *L'Étranger* de Camus, le début de *Mahu ou le matériau* de Pinget. On peut rappeler ici les incessantes épanorthoses de Simon, ses hypothèses, ses doutes, ses dénégations, et les puzzles que met en place Ollier dès le début de *La Mise en scène*. On sait combien, chez tous, le personnage s'est déstructuré, privé de la psychologie traditionnelle, des émotions et des projets construits en monologues ou en psychorécits. Les relations de cause à effet, le *post hoc ergo propter hoc* qui d'habitude organise l'enchaînement, ont disparu d'un récit dont la temporalité elle-même est affectée par un bouleversement radical de la chronologie. Le déroulement est sans cesse suspendu dans d'apparentes immobilisations par les descriptions, qui en fait constituent à l'occasion le récit – dans *La Jalousie* par exemple dont le titre polysémique lui-même fournit des hypothèses de lectures. Mentionnons aussi, dans ce roman et dans d'autres, la subtilité des mises en abyme[4] qui diffractent les éléments du texte : le chant indigène musicalement inintelligible, les mèches de cheveux entrelacées… L'intrication du texte est ainsi désignée explicitement et induit une lecture tabulaire, qu'on peut considérer comme rebutante, mais dont on peut aussi apprécier l'effet de structuration savante. Le nouveau roman, selon Ricardou était censé réduire l'« analphabétisme second », donner au lecteur l'aptitude à décrypter les textes, à dépasser le premier degré de lecture. Le travail d'écriture, exhibé, délivre le récepteur de l'adhésion naïve à ces figures de kaléidoscope.

Dans la cellule génératrice

L'opération de structuration du texte, stimulée par le dialogue avec les chercheurs linguistes, psychanalystes, poéticiens, atteint un sommet au cours des années 1970[5]. La boîte noire de l'« inspiration » laisse la place à l'utilisation, souvent affichée, de générateurs : ils sont énumérés au début de *Dans le labyrinthe*[6]. C'est plus net encore dans *Topologie d'une cité fantôme* où un chapitre s'intitule « Dans la cellule génératrice » ; les mots destruction et construction reviennent en leitmotive, un univers est sans cesse posé et effacé, déréalisé par la mention de représentations théâtrales, ou de l'appareil photographique de David Hamilton. Le prénom de ce dernier revient en jeux de mots – vide, david, évidé, vanadé (p. 49) – qui renvoient à la fois à la destruction génératrice des ruines de la « cité fantôme », à la destruction de tout récit cohérent et à la recomposition totalement fictionnelle.

4. Gide en avait joué en les théorisant dans *Les Faux-Monnayeurs*.
5. Ces recherches sont contemporaines des travaux, plus systématiques, de l'OuLiPo.
6. *Leçon de choses* et *Les Géorgiques* de Simon présentent en ouverture les motifs de l'œuvre.

Les éléments générateurs se retrouvent d'une œuvre à l'autre et les références à la littérature, aux arts en général se multiplient, de romans en films. L'enfant en pèlerine et béret de *Dans le labyrinthe* semble sorti des images du *Sang d'un poète* de Cocteau ; les adolescentes transgressives font songer tout au long de l'œuvre à Sade, à Nabokov, aux peintures de Leonor Fini, Dorothea Tanning… La critique, au début des années 1980, a cru pouvoir annoncer une sorte de palinodie des anciens nouveaux romanciers chaque fois que paraissait un de ces ouvrages assimilable à une autobiographie[7]. Mais dès le début du *Miroir qui revient* Robbe-Grillet exhibe la fiction intertextuelle qui s'est imposée à lui. Voulant imiter le *Roland Barthes par Roland Barthes*, il a abouti à des récits qui ressemblent à ceux de Mathias dans *Le Voyeur* : celui-ci pour placer ses montres se fabriquait des souvenirs stéréotypés d'îliens, qui lui permettraient d'évoquer avec ses clients potentiels un prétendu passé commun. Les trois tomes de Robbe-Grillet se fondent sur un montage qui stimule chez le lecteur la recherche des sources d'échos : Chateaubriand à Combourg, la mère de Colette, des passages de Marguerite Audoux, les boucles de l'enfant Sartre, l'obsession du double chez Musset, la présentation au proviseur chez Flaubert, les pères cordonniers de Giono, Guilloux, Guéhenno, et même la tasse de thé de Proust – à la clausule du premier volume une grand-mère gâteuse déclare : « Imbécile, va ! le thé ça n'est jamais fini… ». Ajoutons qu'une sorte d'auto-grapho-graphie se crée ainsi : c'est le laboratoire de l'œuvre qui nous est ouvert au fil de ces pages où l'écrivain présente comme pulsions d'enfance des obsessions constitutives des textes[8]. Robbe-Grillet déclare à Alain Nicolas dans *L'Humanité* qu'il a le droit d'écrire une autobiographie qui ment : « […] si un mensonge vient sous ma plume, c'est quand même moi. »

7. *Les Géorgiques* de Simon (1981), *Enfance* de Sarraute (1983), *L'Amant* de Duras (1984), *Le Miroir qui revient* de Robbe-Grillet (1985), *La Douleur* de Duras (1985), puis *Angélique ou l'Enchantement* (1988) et *Les Derniers Jours de Corinthe* (1994) de Robbe-Grillet. Ollier et Pinget poursuivaient la publication de carnets qui doublaient les œuvres par la transcription du tissage de leur genèse.
8. Le narrateur des *Romanesques* évoque aussi les sources livresques enracinées dans l'enfance : les illustrations des livres, Lewis Carroll, Kipling, les légendes bretonnes (l'ankou hante *Les Romanesques*).

Portrait de l'écrivain en « monomane érotique »

Ceci conduit à traiter avant tout comme récurrence textuelle la veine érotique si abondamment présente chez lui à partir du *Voyeur*, dont Émile Henriot, scandalisé, disait qu'il « relève de la 9e chambre ou de Sainte-Anne ». Lors de la parution d'*Un roman sentimental*, Raphaël Sorin titre « Robbe-Grillet en vieux dégueulasse » dans *Libération* (15/10/2007), et présente non sans humour des extraits du texte tels que sa présentation matérielle (sous film plastique et non massicoté) permet de le dévoiler : c'est une série de scènes de torture et d'accessoires sulfureux, un catalogue de transgressions diverses, que ne mettent plus à distance les constructions alambiquées dont l'écrivain est coutumier... On connaît les collaborations de Robbe-Grillet avec Irina Ionesco et Jean(ne) de Berg, les obsessions prêtées aux narrateurs et aux personnages de livre en livre. La séquence de l'adolescente suppliciée apparaît dans *Le Voyeur*, présentée comme hypothèse, fantasme, remords, coupure de journal évoquant un fait divers ; on la retrouve démultipliée dans *La Maison de rendez-vous* (1965), *Projet pour une révolution à New York* (1970), *Topologie d'une cité fantôme* (1975), *Souvenirs du Triangle d'or* (1978), *La Reprise* (2001), etc.

Robbe-Grillet assume ces obsessions à la première personne lorsqu'il évoque son enfance dans les *Romanesques*. Il parlait volontiers au fil des entretiens des « imageries sado-masochistes » qui lui étaient nécessaires, et l'ouvrage de Catherine Robbe-Grillet, fonctionnant à la manière d'une biographie, allait dans le même sens. L'écrivain glisse malignement des confidences provocatrices, tout en insistant sans cesse sur la théâtralité et la déréalisation des séquences : dans *Topologie d'une cité fantôme*, un chapitre est présenté comme se déroulant dans cette « cellule génératrice – où se poursuit toujours le cérémonial immobile de la violence et de la représentation [...] » (p. 43).

Parmi les nouveaux romanciers, Robbe-Grillet s'était fait en somme une spécialité de ces récits décriés, qui lui permettaient de doubler la subversion narrative d'une subversion thématique : trickster narratologue, il répartissait savamment dans ses romans et ses films des doses de littérature érotique. Mais il jouait là encore sur les citations : les clichés de la paralittérature spécialisée sont exhibés – magazines, bandes dessinées, cinéromans ; les images sont fragmentées, les séquences n'aboutissent pas ou sont annulées, l'imaginaire du lecteur est entravé par la parodie. Parodie qui s'attaque aussi à des œuvres littéraires dont le prestige devient considérable dans les années 1960 et 1970 : celle de Sade[9] qu'on redécouvre, celles de Bataille et de Klossowski. Des œuvres picturales surgissent derrière *Topologie d'une cité fantôme*, Magritte, Delvaux, Chirico… Les dernières lignes d'*Un roman sentimental* – « Ainsi vivrons-nous à jamais dans les forteresses du ciel » – renvoient à un passage de *Paradis perdu* de Milton, et la défaite de Satan est malignement renversée. Mais le ton suggère toujours une distance parodique, les mythes sont réduits à des bribes[10], les perspectives ontologiques sont loin… L'ambiguïté de l'œuvre ayant suscité maintes critiques, Robbe-Grillet s'est défendu en déclarant qu'il n'imposait pas l'érotisme, mais le mettait en scène, avec son imaginaire d'homme certes, mais en faisant ressortir le scandale du viol et de la cruauté[11].

Voire, mais la complaisance est patente plus que la condamnation, et les *loci amoeni* de cette sorte ne sont pas toujours abstraits par les lecteurs, et surtout les lectrices, de résonances réelles. Susan Suleiman a condamné dans un texte retentissant les fantasmes de *Projet pour une révolution à New York*[12]. Et le public a évolué : les premiers ouvrages de Robbe-Grillet ont été lus au moment de la libéralisation des mœurs, sur fond de vulgarisation de la psychanalyse et de théorisation du défoulement généralisé (Marcuse, Reich, etc.). Mais la perception a bien changé : à propos d'*Un roman sentimental*, nous l'avons vu, la critique se gausse et s'indigne, elle invoque même l'affaire Fourniret. La cloison entre le livre et le passage à l'acte ne paraît plus si étanche, si bien que la dimension ironique s'efface ; on

9. L'écrivain a reçu le prix Sade en 2002 pour *C'est Gradiva qui vous appelle*.
10. Celui d'Œdipe, filtré par Freud, surgit de citations anodines dans *Les Gommes* et de caricatures dans *La Reprise*, à travers le personnage de Jo Kast par exemple.
11. Voir Colette Godard, « Robbe-Grillet et le mythe de la cover-girl », *Le Monde*, 26/2/1975.
12. « Reading Robbe-Grillet : Sadism and Text in *Projet pour une révolution à New York* », *Romanic Review*, vol. 68, n° 1, janvier 1977, p. 43-62.

oublie Roussel ou Kafka, et la Lolita de Nabokov. Il est vrai aussi que se sont multipliées les révélations concernant le commerce sexuel et les possibilités du sadisme humain, de décennie en décennie, de continent en continent, et les images ludiques suscitent d'autres images, bien loin des boudoirs imaginaires.

En tout état de cause, l'œuvre de Robbe-Grillet ne saurait être réduite à cette facette qui, si on excepte *Un roman sentimental*, n'était qu'un motif parmi d'autres. Il convient sans doute de considérer l'ensemble de la construction, sur le plan de l'esthétique plus que sur celui de l'exemplarité.

Miroitements de l'esthétique

Romans et films en effet forment une mosaïque de tonalités adoptées comme autant de générateurs d'anamorphoses, caractéristiques d'une culture contemporaine qui valorise le « *sample* », le montage allusif. L'érotisme y voisine ainsi souvent avec le fantastique qui, d'*Un régicide* à *La Reprise*, se dégage de l'étrangeté des séquences, des personnages énigmatiques, de la chronologie renversable, des archétypes menaçants. Des enfants et de très jeunes filles plus ou moins maléfiques courent dans *Djinn*, dans *Projet pour une révolution à New York* (avec la bande-son qui devient transgressive lorsqu'on l'écoute à l'envers). C'est plus net encore dans les films où la juxtaposition de contradictions, les disparitions de personnages ou d'objets, les images surexposées déclenchent les stéréotypes du paranormal. Les motifs hérités du roman noir deviennent éléments de la combinatoire esthétique ; la présence du sang par exemple, qui hantait Perceval comme le roi sans divertissement de Giono, est revendiquée comme nécessité esthétique dans *L'Éden et après*, pour contrebalancer la dominante de blanc et de bleu... Le travail de montage et son repérage par le lecteur-spectateur sont essentiels : Robbe-Grillet, qui a fabriqué à partir des images de *L'Éden et après* un autre film, *N a repris les dés*, se faisait fort d'utiliser des films existants non achevés pour monter « de passionnantes œuvres inédites, des effets surprenants, des espaces paradoxaux, multidimensionnels et mouvants, qui sans cesse déroutent et se dérobent, ce que font justement les espaces du rêve » (*Le Voyageur*, p. 192).

Très soucieux de la dimension esthétique de sa démarche, il s'étonnait des jugements contradictoires qu'elle suscitait. Il aimait que Guy Dumur ait noté « l'étrange beauté » de ses livres et qu'Alain Bosquet ait loué son écriture « allègre, narquoise, harmonieuse et pleine d'invitations dans ses anfractuosités ». Cette écriture en effet mérite l'attention, par ses paradoxes même. D'aucuns en ont blâmé le classicisme : de fait la recherche d'harmonie est évidente dans la syntaxe, le rythme et les sonorités – qu'on songe à la phrase leitmotiv prononcée par la voix off incantatoire dans *L'Année dernière à Marienbad*, à la page clausule des *Derniers Jours de Corinthe*. Robbe-Grillet invoquait volontiers Chateaubriand et accordait une grande importance à la bande-son des films[13]. Le registre dont il use permet de remarquables contrastes, renforce les effets transgressifs du récit.

Relus quelques décennies après leur parution, les romans présentent dans le détail du style comme dans la composition récurrente des résonances poétiques : Robbe-Grillet, en touchant au récit comme Mallarmé disait qu'on avait « touché au vers », dissocie le récit de l'« universel reportage ». Il reproche d'ailleurs à Sartre d'avoir coupé la prose de la poésie[14]. Dans les *Romanesques* s'exerce pleinement cette liberté par rapport aux genres, que l'écrivain appréciait particulièrement dans le *Contre Sainte-Beuve* de Proust. L'œuvre s'inscrit dans le mouvement des avant-gardes contemporaines, au-delà de la littérature et de la peinture. De nombreux cinéastes lui font écho : Antonioni, Godard, Greenaway... Robbe-Grillet rêvait que ses ciné-romans soient des sortes d'opéras, et en développe l'idée en 1974 à propos de *Glissements progressifs du plaisir* : « Un peu comme dans le *Tristan* de Wagner, où la gigantesque dissonance non résolue qui se développe d'un bout à l'autre de la partition nous procure, musicalement, la volupté. Ici, elle résiderait pour moi dans la façon dont se creusent, à travers l'architecture du récit, des vagues successives ; et dans les déplacements du sens (à la fois imprévus et nécessaires) d'une

13. Il faisait sonner avec art sa propre voix. Au colloque de Cerisy qui lui a été consacré, Michel Fano, son collaborateur dans le domaine du son, a fait une communication précise sur la question.

14. Intervention au cours de la décade consacrée à Sartre à Cerisy en juin 1979, transcrite dans *Le Voyageur* (p. 225 *sqq.*).

vague à l'autre... » (*Le Voyageur*, p. 380). La démarche concerne une bonne partie du nouveau roman[15].

Ce travail très conscient enlève à l'œuvre sa transitivité, et a contribué à faire passer le Nouveau Roman pour un retour à l'art pour l'art[16]. On ne souhaitait pas du tout prendre connaissance du contenu de la boîte noire de la genèse des textes, Proust n'était pas encore à la mode, et c'est au cours des années 1970 qu'on assistera à la revie littéraire assez ample de toute une partie de la littérature de recherche des cent années précédentes, et au développement d'une curiosité large pour la littérarité. En fait la césure des années 1950-1960 n'échappe pas à l'Histoire.

« Embarqué » sinon engagé...

Robbe-Grillet avait condamné l'engagement, et son œuvre à première vue y échappe. On sait cependant que les nouveaux romanciers ont tous été mêlés à leur temps[17]. Ils ont fait l'expérience de la guerre, qu'évoquent *Le Miroir qui revient*, puis certains textes du *Voyageur*. L'appartenance de Robbe-Grillet à une famille de droite et les révélations de 1944 servent de toile de fond à son évolution, à son refus d'adhérer à tout système de pensée préétabli, que renforcent l'expérience du STO, la vision de l'effondrement de l'Allemagne et un bref engagement dans une expérience collective après la guerre en Bulgarie – source d'un sentiment persistant d'opacité du réel, que transposent bien *Un régicide* et *Dans le labyrinthe* : cet homme perdu, dont on ne sait s'il a été soldat, qui, nanti d'un Graal sans signification, meurt sans avoir rien compris, peut être symbolique d'une époque. On a commenté ensuite judicieusement les résonances de *La Jalousie*, aussi caractéristique que

15. Rappelons le *Dialogue avec 33 variations de Ludwig van Beethoven sur une valse de Diabelli*, de Butor (Gallimard, 1971). On a beaucoup évoqué la musique à propos des textes de Sarraute, Pinget, Butor...
16. Une partie de la critique marxiste est, au début, très hostile au nouveau roman.
17. Ils ont signé le manifeste des 121, pris des positions politiques publiques.

les textes de Duras, d'Ollier[18], de la désorientation suscitée par la situation coloniale. Les derniers jours de Corinthe sont hantés par des réminiscences d'Histoire planétaire.

Les structures des textes sont homologues de la vision que les écrivains se font de leur situation[19]. Dans *Angélique ou l'enchantement*, Robbe-Grillet justifie ses choix de narration par le refus des « fausses cohérences » et le souci de ménager « le mouvement, les manques, et la contingence inexplicable du vivant » (p. 69). Jean Bloch-Michel analyse le nouveau roman dans *Le Présent de l'indicatif* comme un symptôme : la place donnée à l'opacité des objets, la transcription de la « parlerie quotidienne », sont signes d'une vie devenue inauthentique, d'une crise de la pensée. Dans un chapitre intitulé « Littérature et imposture », il dénonce les idéaux nationaux affichés (la mission colonisatrice, la prétendue victoire, la révolution, la grandeur du gaullisme), et conclut : « Le nouveau roman est le contraire d'une imposture littéraire : il est la littérature de l'imposture. » La critique américaine, allant dans le même sens, met en rapport le silence asphyxiant maintenu en France sur la collaboration, la solution finale, les guerres coloniales, avec les deux films cultes d'Alain Resnais, *Hiroshima mon amour,* écrit par Marguerite Duras (1959), et *L'Année dernière à Marienbad*, écrit par Alain Robbe-Grillet (1961), tous deux construits autour d'une anamnèse impossible[20].

Plus largement ces formes correspondent à une évolution de la pensée. Le soupçon qu'évoque Sarraute dans son titre fameux (emprunté à Stendhal) était nourri de l'apport des sciences humaines, rompant avec un savoir positiviste et les grandes idéologies interprétatives ou prescriptives. Une « noosphère » s'est constituée autour de notions scientifiques vulgarisées et plus ou moins bien comprises, mais créa-

18. On pourrait parler aussi de *L'Étranger* de Camus, si vanté pour sa structure énigmatique, et significatif peut-être d'une impasse historique. Voir Jacques Leenhardt, *Lecture politique du roman* La Jalousie *d'Alain Robbe-Grillet*, Éditions de Minuit, 1973.
19. Lucien Goldmann a esquissé des interprétations fécondes à partir de cette notion dans *Pour une sociologie du roman* (Gallimard, 1963).
20. Lynn Higgins, *New Novel, New Wave, New Politics, Fiction and the Representation of History in Postwar France*, University of Nebraska, 1996.

trices d'un climat intellectuel[21] : la théorie de la relativité, le principe d'incertitude d'Heisenberg, la théorie de Kuhn sur le rôle de l'observateur, les thèses de Popper, les travaux de Mandelbrot et Prigogine – les théories du chaos montrent les processus en mouvement, le jeu des structures dans les fractales, la variabilité infinie des combinatoires, donnant forme à l'intuition de la complexité, à l'importance d'une entropie que l'on tendait à masquer[22]. L'art moderne n'est pas étranger à ces réflexions qui rejoignent une longue tradition philosophique de prise de conscience du doute méthodique, et toute une réflexion sur la représentation fortement inspirée de Schopenhauer[23]. Les réflexions de l'avant-garde sur le roman sont d'ailleurs parallèles aux réflexions des historiens sur l'écriture de l'Histoire[24]. Le « principe d'incertitude » croise les propos de Simon dans *Les Géorgiques*, et l'exergue d'*Histoire* emprunté à Rilke : « Cela nous submerge. Nous l'organisons. Cela tombe en morceaux./ Nous l'organisons de nouveau et tombons nous-mêmes en morceaux ».

La métaphore s'ancre dans l'expérience : « L'Europe était en ruine, écrit Robbe-Grillet, vraiment en ruine. [...] Cette destruction des bâtiments, c'était plus que cela. La vieille Europe était en ruine, et son idéologie aussi » (*Préface*..., p. 38). D'où la relation contradictoire qu'il entretient avec Sartre – il lui reproche son ambition philosophique totalisante, et le loue de ses échecs : « Voulant être le dernier philosophe, le dernier penseur de la totalité, il aura été en fin de compte l'avant-garde des nouvelles structures de pensée : l'incertitude, le mouvement, le dérapage » (p. 67).

21. À ne pas confondre avec les utilisations abusives du langage scientifique qu'ont dénoncées Alan Sokal et Jean Bricmont, dans *Impostures intellectuelles*, Odile Jacob, 1997.
22. L'homologie avec l'esthétique de Robbe-Grillet est évidente. Voir Soledad Alvarado Palacios, « Théorie du chaos et vision politique : le récit et le corps chez Alain Robbe-Grillet », *La Chouette*, n° 32, Birbeck College, University of London, 2001.
23. Sur ces échos, voir Raylene L. Ramsay, *Robbe-Grillet and Modernity. Science, Sexuality and Subversion*, Gainesville, University Press of Florida, 1992. Maureen DiLonardo Troiano, *New Physics and the Modern French Novel, an Investigation of Interdisciplinary Discourse*, Peter Lang, 1995.
24. Entre 1971 et le début des années 2000, Paul Veyne, Michel de Certeau, Jacques Le Goff, Paul Ricœur, Roger Chartier et bien d'autres se sont interrogés sur ce point dans des essais retentissants.

Les trois mots renvoient bien à sa propre œuvre, mais le désarroi chez lui, loin de générer la déploration tragique, débouche sur une démarche esthétique jubilatoire : les ruines lui donnent la liberté de construire un monde nouveau, fondamentalement ludique, au sens le plus élevé du mot jeu[25]. Il l'affirme dans *Les Derniers Jours de Corinthe*, en une envolée lyrique qu'affecte d'un coefficient de dérision la reprise de son patronyme : « Nous écrivons désormais, joyeux, sur des ruines. Car il ne pourra plus jamais s'agir d'accepter le sommeil du Grand Architecte vaincu, qui se résigne à ne rien offrir au-delà des fragments épars, colonnes rompues, systèmes écroulés, bribes de langage, non plus que de revenir repentants à quelque ensemble rationnel et stable, encore moins de geindre sur ses faillites, mais bien de tisser dorénavant sans relâche, dans la gaieté, dans l'éveil, des structures foisonnantes qui à mesure se dérobent, grillées d'avance à la fois par le canevas dont on perçoit les fils et par le feu qui le dévore » (p. 17). On ne saurait mieux suggérer le type de création qu'il prône, avec ses échos nietzschéens.

Épilogue

Les facettes de Robbe-Grillet sont multiples et il convient de n'en privilégier aucune, sous peine de sombrer dans les « vieux mythes de la profondeur » qu'il dénonçait, ou de lui imposer une cohérence ultime, une « *aufhebung* » qu'il récusait dans la théorie hégélienne. Ses interventions, fondées sur une culture très large savamment repensée, situent clairement les enjeux de l'art contemporain. Esthète et mystificateur, il a été constamment subversif, souhaitant rendre sensible et entériner « la faillite de l'ordre divin (de la société bourgeoise) et, à sa suite, de l'ordre rationaliste (du socialisme bureaucratique) » (*Le Voyageur*, p. 94), prônant le mouvement incessant. Certes sa carrière se déroule à un moment où les grands débats philosophiques et littéraires, voire les querelles de chapelle, intéressent encore le public des « *prime times* », où les

25. Voir les travaux de Johan Huizinga et Roger Caillois.

maisons d'édition peuvent assumer les risques de mévente, où une curiosité extrêmement vive suscite les incessantes remises en question, où la dérision est comprise. Ces dernières années, il constatait non sans regret la disparition de cet esprit, tout en réaffirmant que le nouveau roman était lui-même destiné à disparaître. De fait à partir de 1980 on salue en tout lieu le retour du sujet et de l'Histoire. Mais ce n'est ni le même sujet, ni la même Histoire, et de nombreux critiques soulignent la fécondité de cette rébellion qui a « déniaisé » le récit, selon le mot d'Henri Mitterand. La littérature actuelle, dans sa partie inventive (beaucoup moins radicale certes), doit beaucoup au « terrorisme » de ses devanciers.

Francine Dugast

Roman noir, mauvais genre ?

Le cas du roman noir français est une bonne illustration du fossé entre les œuvres estimées dignes d'intérêt… et les autres, dont le roman noir : d'un côté, les romans qui *méritent* de faire partie de la littérature, les auteurs *reconnus* ; de l'autre, les œuvres dites médiocres, les auteurs sans talent, ou en tout cas jugés tels par l'institution littéraire. Jugements qui n'ont rien à voir avec la faveur des lecteurs. Il suffit de consulter régulièrement les listes des meilleures ventes d'ouvrages pour constater que, à l'été 2008 par exemple, des polars figurent très souvent aux premières places du palmarès : c'est le cas pour la trilogie *Millenium*, de Stieg Larsson, ainsi que pour le nouveau roman de Fred Vargas, *Un lieu incertain*.

Car, dans le cas du genre noir, être du mauvais côté du fossé culturel n'a rien à voir avec les qualités propres de l'œuvre et découle de son appartenance au domaine de la littérature dite « de genre » ; ce petit complément désignant le vaste ensemble formé par des romans publiés dans une collection particulière, et fondés sur des traits communs, identifiables par le lecteur, qui peuvent être considérés comme des stéréotypes. Ainsi, le roman noir – parfois nommé *polar*, qui est un parasynonyme – se caractérise par l'évocation d'une transgression criminelle des règles sociales ; l'histoire est souvent contée du point de vue d'un héros, qui, même s'il est policier, fait figure d'anti-héros, marginal et solitaire ; la vision de la société y est toujours négative et l'intrigue est saturée par la violence et la mort. Le registre du réalisme noir définit le genre.

Pour en revenir aux romans de genre, ils sont encore largement assimilés au domaine de la paralittérature. Ce terme, forgé dans les années 1960 pour éviter l'emploi de « sous-littérature », est d'emblée piégé en ce qu'il implique une différence de nature, quasi-ontologique, entre les œuvres paralittéraires et littéraires. Car être « à côté » de la littérature, cela signifie en être exclu. En pleine critique structuraliste, des essais cautionnent cette représentation de l'existence d'œuvres *en dehors* de la littérature, notamment celles qui se rattachent à un genre ; ainsi, Todorov écrit :

> Le chef-d'œuvre littéraire habituel, en un certain sens, n'entre dans aucun genre si ce n'est le sien propre ; mais le chef-d'œuvre de la littérature de masses est précisément le livre qui s'inscrit le mieux dans son genre. Le roman policier a ses normes ; faire « mieux » qu'elles ne le demandent, c'est en même temps faire moins bien ; qui veut « embellir » le roman policier, fait de la « littérature », non du roman policier.[1]

Ce jugement est encore largement partagé aujourd'hui, et transmis notamment par l'institution scolaire, où de nombreux textes sont bannis du domaine d'étude au motif que la *doxa* considère qu'ils « ne sont pas de la littérature ». L'utilisation du terme *paralittérature* évince ainsi définitivement du domaine de la littérature quantité d'œuvres, sans justification. Utile en apparence, il ne sert qu'à définir ce que doit être *a contrario* la littérature (domaine bien difficile, voire impossible, à définir de façon objective, non axiologique : d'où, probablement, le besoin du terme *paralittérature*, qui permet de créer une paire adversative). Mais il ne permet en rien d'isoler des traits spécifiques aux œuvres qui s'y rattachent, parce que la démarche utilisée en ce cas est tautologique : les œuvres décrétées « paralittéraires » impliquent un jugement esthétique préalable qui engage un certain type d'observations, qui peut-être mettent « au centre de l'activité critique des aspects sûrement importants des œuvres, mais qui n'en constituent pas l'essence ni ne les résument, érigeant l'indifférenciation en loi absolue et cachant à

1. Tzvetan Todorov, « Typologie du roman policier », dans *Poétique de la prose*, Éditions du Seuil, coll. « Points », 1971, p. 10.

la vue ou niant les différences individuelles et la pertinence du “génie” propre de chaque auteur »[2]. C’est ainsi qu’en raison de l’association entre littérature de genre et paralittérature, le genre noir se voit cantonné à une place intermédiaire dans la hiérarchie culturelle, étiqueté « mauvais genre »[3], ce qui, en fait, signifie beaucoup : absence d’intérêt de la critique littéraire, exclusion de l’Université. Quitte à ce que l’une ou l’autre témoigne d’un intérêt passager pour tel ou tel roman noir en le justifiant par une formule du type « ce livre est bien plus que du polar/du roman noir », comme s’il était impossible que de la littérature de genre naissent des œuvres de qualité.

De fait, comme l’engouement pour le genre peut le laisser pressentir, le roman noir, qui certes est de la littérature de genre, n’est pas pour autant de la paralittérature – s’il en est pour qui cette dénomination signifie quelque chose. À rebours de l’indifférence du « champ intellectuel »[4], il s’agit ici de voir comment, malgré une émergence récente en France, le genre noir est un genre prolifique dont les auteurs revendiquent le statut de littérature à histoires, dans la lignée du roman populaire, pour se démarquer de la littérature générale, qualifiée par eux de littérature d’introspection. La meilleure caution apportée aujourd’hui à cette vision des choses est qu’aujourd’hui de nombreux romans a-génériques s’inspirent du roman noir, qui est le type même du roman romanesque.

Le genre noir, une émergence récente

Le premier détective « *hard boiled* »[5] français, Nestor Burma, est né sous l’Occupation (1943) de la plume de Léo Malet. Alors que le

2. Vittorio Frigerio, « La *Paralittérature* et la question des genres », dans *Le Roman populaire en question(s)*, Jacques Migozzi (dir.), PULIM, 1997, p. 113.
3. Selon le titre d’une émission de France Culture qui s’intéresse aux supports ou aux genres dévalorisés : BD, science-fiction, polar…
4. « Système des relations qui s’établissent entre les agents du système de production intellectuel » ; Pierre Bourdieu, « Champ intellectuel et projet créateur », *Les Temps modernes*, n° 246, novembre 1966, p. 870.
5. Le détective « *hard boiled* » est le personnage emblématique du roman noir des origines et se décline aujourd’hui en multiples avatars dont le point commun est d’être un personnage central du point de vue diégétique, en marge du point de vue social.

genre noir français n'est pas encore défini, Malet transpose dans *120, rue de la gare*, qui se déroule dans la France de l'Occupation, les *topoï* du roman noir américain. Ainsi, Nestor Burma est-il un détective aux maigres moyens de subsistance, dont l'ingéniosité va permettre la résolution d'une intrigue compliquée, au nez et à la barbe de la police et en risquant plusieurs fois sa vie.

Léo Malet continue d'explorer cette veine du « *hard boiled* » à la française dans plusieurs épisodes où œuvre le détective, avant de lancer sa série des *Nouveaux mystères de Paris*, qui, une dizaine d'années plus tard, a aussi pour héros Nestor « Dynamite » Burma. Léo Malet peut donc être considéré comme le précurseur du roman noir français par la création de ce détective fureteur, gouailleur et amateur de femmes qu'est Nestor Burma ; par le rejet de l'ordre social, symbolisé par la police, et l'action pour son propre compte – héritage anarchiste de Malet, dont, à bien des égards, Burma est une sorte de double – ; par l'adoption de cette écriture faite d'argot – que l'on retrouve aussi dans le roman de truands – et d'humour.

À la Libération, les œuvres américaines arrivent massivement en France, pour le grand plaisir du public. Gallimard crée alors la « Série noire » (1945) qui profite de l'engouement français à la fois pour le roman policier et pour le roman américain. Son éditeur, Marcel Duhamel, est pour beaucoup dans l'autonomisation du genre noir par le biais de l'expression « roman noir », formule qui jusque-là qualifiait occasionnellement les œuvres marquées par le pessimisme et le désespoir – Céline est par exemple qualifié d'écrivain noir. La « Série noire » est donc la collection fondatrice du genre en ce qu'elle fait émerger la cohérence, et donc l'identité, d'un certain « genre » de romans, que l'on va désormais appeler « romans noirs », et dont voici un extrait du « manifeste » :

> Que le lecteur non prévenu se méfie : les volumes de la « Série noire » ne peuvent pas sans danger être mis entre toutes les mains. L'amateur d'énigmes à la Sherlock Holmes n'y trouvera pas souvent son compte. L'optimiste systématique non plus. L'immoralité admise en général dans ce genre d'ouvrages, uniquement pour servir de repoussoir à la moralité conventionnelle, y est chez elle tout autant que les beaux sentiments, voire de l'amoralité tout court. L'esprit en

> est rarement conformiste. On y voit des policiers plus corrompus que les malfaiteurs qu'ils poursuivent. Le détective sympathique ne résout pas toujours le mystère. Parfois il n'y a pas de mystère. Et quelquefois même, pas de détective du tout. Mais alors ?... Alors il reste de l'action, de l'angoisse, de la violence – sous toutes ses formes et particulièrement les plus honnies – du tabassage et du massacre. Comme dans les bons films, les états d'âmes se traduisent par des gestes, et les lecteurs friands de littérature introspective devront se livrer à la gymnastique inverse. Il y a aussi de l'amour – préférablement bestial – de la passion désordonnée, de la haine sans merci. Bref, notre but est fort simple : vous empêcher de dormir.[6]

Opposition au roman d'énigme, rejet de l'optimisme, déplacement des thèmes où l'enquête n'est plus constitutive, importance de l'action et écriture béhavioriste ; Duhamel définit ainsi ce qui va devenir le « roman noir », une particularité française. Car dans la plupart des autres pays, les romans reconnus comme « noirs » chez nous sont publiés dans des collections générales. Aujourd'hui, le terme *noir*[7] a essaimé aux États-Unis, ainsi que des expressions comme « film noir »[8] ou même « roman noir »[9], ce qui indique assez qu'ils nomment là-bas un champ non spécifié jusque-là.

Le genre noir acquiert une identité forte par la publication d'auteurs (les premiers sont Cheyney et Chase) qui eux-mêmes reprennent dans leur pays d'origine – ils sont anglais – ce qui fait l'originalité d'auteurs américains comme Hammett et Chandler. Marcel Duhamel, dans le manifeste de la « Série noire », parle alors de « genre nouveau ». Mais très vite, l'attrait de l'Amérique s'épuise

6. Texte de Marcel Duhamel, figurant dans certains romans de la « Série noire » dès 1949.
7. Voir la parution récente chez Akashic books (éditeur américain) de recueils de nouvelles centrés autour d'une ville : *D.C. Noir*, *Dublin Noir*, *Brooklyn Noir*, etc. qualifiés par l'éditeur d'« *original* noir *anthologies* » (anthologies noires originales).
8. L'expression « film noir » aux États-Unis désigne une certaine production des années 1940 et 1950, avec des films comme *Gilda*, de Charles Vidor, *The Lady from Shanghai*, d'Orson Welles, ou *The Night of the Hunter*, de Charles Laughton. Mais elle est aussi employée pour qualifier des œuvres récentes, comme celles de Quentin Tarantino.
9. Par exemple, une étude de William Marling, professeur d'anglais à l'université de Cleveland, a pour titre *The American Roman Noir : Hammett, Cain and Chandler* (The University of Georgia Press, 1995).

et les auteurs français, qu'ils publient ou non sous pseudonyme américain, acquièrent de vraies particularités tant du point de vue de l'histoire que de l'écriture. Par exemple, Jean Meckert (1910-1995) dont les premiers romans sont publiés en collection générale chez Gallimard – *Les Coups* (1942) est, à l'époque, un ouvrage remarqué par André Gide ou Raymond Queneau. Une dizaine de romans plus tard, Jean Meckert se tourne vers la « Série noire », sous le pseudonyme de John Amila, puis Jean Amila. Après *Y a pas de bon Dieu !* (1950), qui se passe aux États-Unis, Meckert se démarque de l'influence américaine dès son deuxième roman publié à la « Série noire » : *Motus* (1953) se déroule en France et dénonce les travers de la société française.

Après-guerre, ce sont également les débuts de Frédéric Dard (1921-2000), qui adopte vite le patronyme de son héros, San-Antonio. Dès ses premiers romans, Frédéric Dard se démarque dans la production française par le registre décalé qu'il utilise : ses œuvres se lisent comme des pastiches des romans de Peter Cheyney, premier auteur de la « Série noire ». Les images qu'il utilise, la connivence qu'il tisse avec le lecteur suffisent pour créer un univers particulier que l'auteur agrémentera au fil des ans et des aventures, pendant les cinquante années de sa période d'écriture. Publié au tout début des années 1950, San-Antonio devient donc un auteur particulier au sein des éditions Fleuve Noir, en ce qu'il creuse un sillon qui lui est propre et qui lui assurera le succès que l'on sait.

En 1953, Albert Simonin (1905-1980), qui publie *Touchez pas au grisbi !*, transpose le roman noir de gangsters américain (comme *Le Petit César* – 1929, publié en France en 1937 – de William Riley Burnett, qui raconte le parcours d'un caïd de la Mafia à Chicago) dans le milieu du banditisme français. La particularité du roman de Simonin est d'adopter la langue argotique en vigueur chez les truands. Mais pas seulement : l'intérêt naît aussi largement de l'univers représenté. En effet, le changement de perspective narrative est primordial dans ce récit ; aux romans noirs vus habituellement du point de vue du détective (c'est-à-dire du point de vue du Bien) succède le roman noir vu du point de vue du bandit. Le succès de ce roman de Simonin est tel qu'il préfigure un type particulier de romans noirs auquel s'adonne aussi avec succès Auguste Le Breton

(*Du rififi chez les hommes*) : le récit de truands, qui donne naissance à de nombreux épigones.

Les années suivantes voient les débuts de Pierre Siniac et ceux de Sébastien Japrisot, auteurs importants car ils élargissent le champ du genre noir français, en des temps qui deviennent ceux de la stagnation. Jean-Paul Schweighaeuser [10] donne plusieurs raisons à celle-ci. Tout d'abord, la préférence marquée des éditeurs pour les romans américains, aussi bien à la « Série noire » que dans la collection « Un mystère » aux Presses de la Cité. Ensuite, le manque de dynamisme de la production noire française provient aussi de la baisse de qualité des différentes œuvres. Ainsi par exemple, les auteurs du Fleuve Noir, pour faire vivre les nombreuses collections de la maison (Anticipation, Espionnage, Angoisse, Aventurier, Spécial Police) sont-ils obligés de produire continûment. Le roman noir, comme les autres romans de genre, est considéré comme un produit de consommation, soumis au cycle de la production à visée commerciale ; or ce qui plaît de plus en plus dans le contexte de guerre froide et de montée des tensions, c'est la science-fiction et l'espionnage.

1968 constitue une date importante dans la société française et les remous de cette période agitée se ressentent jusque dans le milieu du roman noir. Sans que cessent de publier des auteurs apparus au lendemain de la guerre (Simonin, par exemple, qui poursuit son exploration du « milieu » avec *Le Hotu* ou Jean Amila avec *Les Fous de Hong-Kong*), le roman noir français prend donc un nouvel essor : Manchette et A.D.G., les « jeunes loups » (selon Gallimard) de la « Série noire » en sont les pionniers en 1971, qui creusent la veine du réalisme noir. Ils sont suivis par d'autres comme Jean-Pierre Bastid, Jean Vautrin, Alain Demouzon, Hervé Prudon. Ces auteurs mettent souvent en scène des anti-héros ; les truands de Simonin ou Le Breton cèdent la place aux marginaux de toutes sortes ; du « milieu », on passe aux banlieues. Le réalisme noir est ce qui caractérise aujourd'hui le début de l'époque de ce qu'il est convenu d'appeler le néo-polar, selon une expression créée par Manchette de manière ironique en 1979. Ironique, car pour lui cette nouvelle forme de polar n'est pas de

10. Jean-Paul Schweighaeuser, *Le Roman noir français*, PUF, coll. « Que sais-je ? », 1984.

la littérature et n'est, au mieux, qu'une distraction. Selon Manchette, la « forme-polar », qui correspondait aux débuts du genre noir américain dans les années 1920, dans cette société particulière de l'après-guerre, est désormais dépassée. Le polar français, qui revient après 1968 aux polars des pères fondateurs américains, n'est donc au mieux qu'un ersatz. Mais Manchette crée aussi l'expression pour faire référence au « changement de fonction du polar » observable au début de cette décennie, qui « fait écho à la réapparition éclatante de l'Histoire sur les chaussées dépavées de Paris et d'ailleurs » [11].

En 1979, le néo-polar se généralise avec la création de plusieurs collections. Frédéric Fajardie, Hervé Jaouen, Thierry Jonquet, Jean-Bernard Pouy y publient alors.

Le public suit, et le néo-polar devient à la mode dans les médias. Les manifestations éclosent (festivals, prix) ainsi que les revues (*Polar*, *Gang*). En 1985, l'aventure d'Engrenage s'achève (Les Éditions des Autres et Sanguine ont déjà disparu), marquant la fin du néo-polar. De cette époque, la plupart des auteurs ont gardé le goût de la noirceur (comme Thierry Jonquet), de la dénonciation (Didier Daeninckx), de l'écriture à la fois recherchée et fantaisiste (Jean-Bernard Pouy).

Le genre prime le texte

Aujourd'hui, l'originalité des auteurs du genre noir est d'avoir réagi aux critiques le qualifiant de paralittéraire – donc de « mauvais genre » – en se constituant en groupe, pour finalement revendiquer comme prestigieuse cette situation à la marge. Ainsi, selon Séverine Drevet, qui analyse dans sa thèse de doctorat en sociologie le groupe des auteurs de polars français, ce milieu instaure ses propres règles et ses propres codes pour se démarquer de la littérature dite « blanche » [12]. Elle cite par exemple Jean-Bernard Pouy, l'un des

11. Jean-Patrick Manchette, « Les tueurs de grenouille », « Polars », *Charlie mensuel* n° 130, décembre 1979, repris dans *Chroniques*, Rivages/Noir 2003, p. 89.

12. Précisons que par littérature « blanche », ou par roman « blanc », nous désignons les romans a-génériques, publiés d'ordinaire dans des collections générales, et qui ne ressortissent à aucun genre particulier. À ce propos, Genette déclare dans *Seuils*, que « l'absence

chefs de file du groupe, pour qui le polar est « un monde qui a été un peu créé par la littérature générale qui, pensant que c'est une littérature de genre, donc très vite une sous-littérature, a poussé ce monde à s'organiser d'une manière différente »[13].

Cette remarque illustre bien l'importance de la distance entre la littérature a-générique et la littérature de genre comme la littérature noire, distance fondée sur l'héritage dont se réclament de nombreux auteurs, qui se veulent successeurs de la littérature populaire, en droite ligne du XIXe siècle : souffle épique, grandes fresques, suspense leur paraissent fondamentaux dans le genre romanesque, à rebours pour eux de ce qu'ils nomment littérature d'introspection, la littérature a-générique.

Ainsi la sphère du roman noir s'est-elle développée parallèlement à celle de la littérature blanche : elle a ses salons (Cognac, Montigny, Valence, Frontignan), ses prix (Cognac, SNCF, Cambuse du Noir), ses magazines (*Au bord du Noir*, *Temps Noir*), ses sites web (*Pol'Art Noir*, *Noir comme polar*), et même son dictionnaire des œuvres et des auteurs (sous la direction de Claude Mesplède, spécialiste français du polar).

Les deux mondes semblent étanches. Et pourtant, malgré toutes ces considérations – sur l'histoire, le genre, la hiérarchisation et le rejet qu'elle entraîne – peut-être la frontière entre littérature noire et blanche n'est-elle pas si cloisonnée. D'emblée, l'apparence des romans noirs l'indique bien : alors que jadis, la plupart des collections noires se signalaient par des dessins qui, censés lier la forme au fond, promettaient mille délices à leurs lecteurs en représentant des femmes lascives et provocantes en compagnie d'hommes virils, armés et menaçants, les différences ont aujourd'hui tendance à s'estomper. Il en est ainsi pour la collection « Folio Policier » ou la « Noire » de Gallimard, dont la maquette inverse seulement les couleurs (noir à

de collection est ressentie par le public et articulée par les médias comme une sorte de collection implicite ou *a contrario* : on parle ainsi, par un abus presque légitime, de la "collection blanche" de Gallimard pour désigner tout ce qui, dans la production de cet éditeur, ne porte pas de label spécifié » (*Seuils*, Éditions du Seuil, coll. « Points », 1987, p. 27).

13. Séverine Drevet, *Voyage au cœur du polar français : enjeux, valeurs et construction d'un groupe*, thèse de doctorat en sociologie, Université de Grenoble II, 2004.

la place de blanc) des collections « blanches » ; ou pour « Rivages/ Noir », qui se présente comme « Rivages poche ». Certes, l'utilisation du noir permet d'identifier, en France, ce genre de littérature : ainsi, le roman noir se distingue avant tout par la couleur noire. Le paratexte offre alors un « contrat de lecture »[14] qui informe le lecteur et lui permet d'élaborer ses horizons d'attente. Un roman noir conditionne donc son lecteur : celui-ci s'attend à une histoire particulière à l'intrigue dense, faite de rebondissements et de révélations.

Mais le problème que pose cette évidence paratextuelle, suffisant seule à identifier un roman noir, est qu'elle aboutit à subsumer le texte sous le genre, et rend superflue toute relation architextuelle entre les textes. Cela est particulièrement net pour tout ce qui ressortit au genre noir, qui s'inscrit dans des collections déterminées : est considéré comme « noir » ce qui est publié dans une collection de ce type ; à l'inverse donc, lire un roman publié dans une collection génériquement non marquée suffira à le faire considérer comme tel. Ainsi, l'inscription – ou non – dans une collection noire permettrait d'admettre sans justification qu'il existe une différence de nature entre romans noirs et autres romans. Mais, par exemple, les mêmes romans d'un auteur comme Pierre Magnan sont édités alternativement en collection générale ou en collection noire. Ou, pour prendre un autre exemple, la « Série noire » a édité *Œdipe Roi* de Sophocle il y a quelques années. Plus récemment, Dominique Manotti, auteur de romans noirs, a publié aux éditions du Seuil un ouvrage qui ne laisse pas de rendre perplexe, comme l'écrit Gérard Meudal, critique au *Monde :*

> C'est un livre qui pose très clairement la question du roman policier et de la définition du genre. [...] Dira-t-on de Dominique Manotti qu'après avoir été une historienne qui écrivait des romans noirs [...] elle est devenue une transfuge du roman noir qui se met au roman historique ? Peu importe. Ce qui est sûr c'est que *Le Corps noir* est

14. Selon un terme proposé par Alain-Michel Boyer, cité par Daniel Couégnas qui souligne que « cette importance capitale du paratexte nous apparaît comme le critère le plus évident de la paralittérature » (*Introduction à la paralittérature*, Éditions du Seuil, 1992, p. 50).

> un roman passionnant qui s'inscrit parfaitement dans la lignée des précédents.[15]

Le Corps Noir[16] raconte les alliances entre SS allemands (le « corps noir »), Gestapo française et industriels ou hommes politiques à Paris en 1944, ainsi que les différents moyens qu'ils imaginent tous pour sauver leur vie en prévision de la libération de Paris. C'est un roman noir, publié en collection « blanche » (au sens de « non marquée génériquement »), dont la quatrième de couverture précise que Manotti « est auteur de romans policiers », qu'elle « a porté au plus haut le roman noir français » et que ce roman est « sa cinquième œuvre, noire, très noire, comme les précédentes, mais sur un autre registre ». Comme on le voit, cette absence de cadre générique, aussi bien dans une histoire qui ne s'inscrit pas dans les tendances actuelles du genre – dont l'intrigue se déroule en général dans l'histoire récente – que dans ce qu'en affirme le paratexte auctorial (« noir » semble pris ici au sens de « pessimiste » et non dans sa désignation générique), légitime l'hésitation dans laquelle se trouve plongé notre critique : Gérard Meudal titre son article « La confusion des genres ». Mais qu'importe le genre, semble-t-il conclure par une pirouette ; l'essentiel est que *Le Corps Noir* est « un roman passionnant ».

D'autres romans illustrent la perméabilité des frontières entre genres noir et blanc : il suffit pour cela que leurs auteurs empruntent au roman noir tout ou partie de ses codes génériques. Nous en avons un exemple avec certains romans de Jean Échenoz qui ne sont pas reconnus comme des romans noirs, malgré le lien qu'ils entretiennent avec le genre. Ainsi, en parlant de ses premiers ouvrages, Échenoz explique-t-il qu'il « aime travailler autour de repères, de modes. [...] Pour [s]es deux premiers livres c'était autour du roman noir »[17]. Dans le même article, il reconnaît la part que sa création doit à un auteur comme Manchette, chef de file du néo-polar français. Dix ans plus tard, dans un numéro spécial à l'occasion de la mort de ce même Manchette, Jean Échenoz précise même :

15. Gérard Meudal, « La confusion des genres », *Le Monde*, 2/4/2004
16. Dominique Manotti, *Le Corps noir*, Éditions du Seuil, 2004.
17. Josyane Savigneau, « Jean Échenoz, le plaisir d'abord », *Le Monde*, 20/3/1987.

> Manchette, je l'ai beaucoup relu, même si je le fais moins aujourd'hui. Pendant longtemps, j'ai même entretenu une relation bizarre avec lui dans la mesure où la lecture de ses livres me donnait physiquement envie d'écrire. C'était de l'ordre du rapport intime, comme la complicité qu'on ressent avec tel ou tel musicien chez qui on trouve des phrases musicales qu'on aurait aimé reproduire.[18]

La plupart des romans d'Échenoz ont effectivement des intrigues et une construction qui ne dépareraient pas la « Série noire ». Par exemple *Lac*[19] dont l'incipit met longuement en place une histoire de détective privé prenant connaissance de sa mission, ou *Les Grandes blondes*[20], roman où une femme disparue tue le détective à sa recherche. Ces premières pages semblent tout droit sorties d'un roman policier, et le registre de l'intrigue (filatures, disparitions, enlèvement, services secrets…) s'apparente au roman noir.

Il existe aussi en France quelques auteurs, comme Jean Vautrin ou Daniel Pennac, qui publient indifféremment en collection noire ou blanche. Jean Vautrin par exemple, prix Goncourt en 1989 pour *Un grand pas vers le Bon Dieu*, a écrit quelques romans publiés en collection noire. Dans un ouvrage récent, *L'homme qui assassinait sa vie*, il réalise implicitement la synthèse entre les genres. Ainsi peut-on y trouver en exergue un extrait d'une lettre de Dashiell Hammett :

> Je fais partie de ces rares individus (si tant est qu'il en existe d'autres) modérément cultivés qui prennent le roman policier au sérieux. Cela ne veut pas dire que je prends particulièrement au sérieux mes propres livres ou ceux de certains auteurs – je parle du roman policier en tant que genre. Un de ces jours, quelqu'un en fera de la « littérature » […].[21]

18. Gaëlle Bayssière, « Jean-Patrick Manchette, le styliste », entretien avec Jean Échenoz dans *Polar*, hors série spécial Manchette, 1997.
19. Jean Échenoz, *Lac*, Éditions de Minuit, 1989.
20. Jean Échenoz, *Les Grandes blondes*, Éditions de Minuit, 1995.
21. Lettre de Dashiell Hammett, en exergue de Jean Vautrin, *L'Homme qui assassinait sa vie*, Livre de poche, 2003.

Puis, dans la préface de ce même roman, Jean Vautrin justifie son projet d'écriture dans un programme qui n'est pas sans rappeler celui du roman noir : « C'est l'homme qui m'intéresse. Sa noblesse souillée. Sa vérité violée. Sa dignité détruite. Et aussi ses chemins douloureux. La contradiction de ses pas. Son devenir incertain. »[22] L'auteur se veut « sismographe » de son temps en racontant des histoires de « gigolettes, rebuts, transfuges, paumés, otages, beurettes, obèses, négros exportés-Boeing… »[23]. La liste des oubliés de la société continue, mais on y reconnaît déjà les thèmes du roman noir. Quant au roman proprement dit, il commence par :

> Il pleut.
> Ça n'a l'air de rien, mais, pour un début de roman noir, c'est une sacrée manière de façonner le rêve.
> Il pleut, donc.[24]

Clin d'œil au lecteur, cet incipit, en revendiquant le genre dans lequel s'inscrit le roman, le place dans toute une tradition héritée des codes du « noir » : « il pleut », plus que la considération météorologique, c'est toute l'ambiance sombre, pessimiste et sans espoir de ce type de romans. C'est aussi le trait générique archétypal (il pleut très souvent dans les romans noirs) qui peut d'emblée « façonner le rêve » du lecteur averti : le contrat de lecture se met en place par ces simples mots.

L'homme qui assassinait sa vie reprend donc les codes du genre noir de manière explicite, tandis que sa préface programmatique cerne les enjeux de l'écriture et que l'ensemble s'inscrit dans la lignée des aspirations d'Hammett, l'un des maîtres du roman noir : Vautrin affirme ici l'importance du genre.

Par ces quelques exemples, on voit à quel point la production éditoriale française est indissociable du discours social sur la littérature de genre. Car, de fait, les frontières avec la littérature a-géné-

22. *Ibid.*, p. 9.
23. *Ibid.*
24. *Ibid.*, p. 13.

rique, mal définies, sont souvent floues et il ne semble pas y avoir de règle précise qui, sur le versant de la réception, pourrait associer de manière rigoureuse un roman à une collection donnée, d'autant plus qu'au problème du genre se mêle celui du registre. Sur ce problème de catégorisation, il faut donc quitter ce terrain de la réception pour aborder celui des intentions auctoriales. Marc Lits[25] évoque à ce sujet une approche pertinente, celle de Marthe Robert. Celle-ci différencie ainsi « intentions avouées de l'auteur » et « sujet » du roman ; sinon, « la seule considération du sujet conduirait à classer *Le Procès* et *Crime et châtiment* parmi les romans policiers »[26]. Cette approche est séduisante dans la mesure où elle permet de prendre en compte la perception qu'a l'auteur lui-même de son œuvre. Pour un roman contemporain, dont la publication n'est pas conditionnée, encore, par le regard de l'institution littéraire, ce fait est important. Ainsi, un écrivain va-t-il choisir pour son manuscrit une collection particulière ? On peut penser que les romans noirs sont ceux qui sont d'abord reconnus comme tels par leurs auteurs et que le premier « signe » générique consiste à envoyer son manuscrit à un directeur de collection noire.

En conclusion, et pour reprendre le titre, le genre noir a-t-il « mauvais genre », force est tout d'abord de constater que pour un *genre*, c'est-à-dire un ensemble clairement définissable, réductible à quelques stéréotypes, il est singulièrement protéiforme. Car il est difficile de réduire le roman noir au simple thème du crime, comme le remarque de manière imagée Patrick Raynal, directeur de la « Série noire » jusqu'en 2004, pour qui « réduire le roman noir au crime, c'est ranger *Moby Dick* dans les histoires de pêche, Stevenson dans le roman d'aventure, Curwood et London dans les westerns pour trappeurs et *Les Misérables* dans "Les évasions célèbres" »[27]. Mais comme le genre noir existe au sein de collections particulièrement visibles – autour de la couleur noire – et que ses auteurs sont constitués en

25. Dans *Le Roman policier*, Éditions du CÉFAL, 1999.
26. Marthe Robert, *Roman des origines et origines du roman*, citée par Marc Lits, *ibid.*, p. 18.
27. Patrick Raynal, « Le roman noir est l'avenir de la fiction », *Les Temps modernes* n° 595, 1997, p. 92.

groupe qui trouve son identité dans le rejet de la littérature générale, tout se passe comme si le genre se faisait plus fort que le texte, et suffisait à le définir.

En dehors de ce ghetto générique, des auteurs ne laissent pas de publier des romans qui s'inspirent de ses thèmes ; et vont parfois même jusqu'à revendiquer cette filiation. Car ce qui fait la force du roman noir, et qui peut inspirer tout auteur, c'est bien la qualité particulière du romanesque noir, fondé sur le conflit, le meurtre, la violence des rapports sociaux : le roman blanc peut alors rompre avec le conformisme, se laisser tenter par les chemins de traverse, s'encanailler au contact de la marginalité. L'hybridation des genres s'avère donc, mais semble passer inaperçue.

Il ne s'agit pas ici de plaider pour une réhabilitation du genre noir, mais il est possible d'affirmer que ce qui le sépare de la littérature blanche n'est pas essentiellement d'ordre textuel. La catégorisation, d'emblée, d'une œuvre dans le domaine générique ne nous donne pas le meilleur moyen d'en rendre compte. Pire : elle prive les études sur la littérature de pans entiers de sa création : celles qui ressortissent à la littérature de genre, où, comme ailleurs, on trouve des romans insignifiants, mais aussi d'excellents, fruits d'une création rigoureuse, exigeante, inventive.

Anissa Belhadjin

Éros au féminin
L'émergence de l'érographie féminine dans les années 1950-1960

Il y a plus négligée que la littérature érotique,
Son volet féminin...

L'érographie[1] est longtemps restée l'apanage du masculin. Certes, la figure féminine, délibérément coquine ou bien faussement angélique, occupait une position centrale au sein des textes licencieux ou obscènes, tantôt revêtus de gaze, tantôt tranchant dans le vif de la chair pâmée. Objet privilégié du désir, médiatrice de l'*ars erotica*, pièce maîtresse du jeu érotique, détentrice du savoir sur l'amour, la figure féminine était loin d'être secondaire. Cependant, cette servante d'Éros servait davantage de prétexte à la mise en branle des fantasmes masculins qu'elle n'était appréhendée comme l'auteur de son propre désir à l'image de la Dame à la licorne.

Jusqu'au début du XXe siècle, les écrivaines et poétesses ont surtout privilégié l'érotisme des cœurs sur l'érotisme des corps, jugé « peu conforme à l'idéal moral féminin de modestie et d'humilité »[2]. Par leurs lectures, leurs pratiques d'écriture, leurs aspirations, les

1. Terme commode, inventé par Gaëtan Brulotte, « distinguished professor » à Tampa, qui a le mérite de la neutralité descriptive contrairement à « érotique » et à « pornographique ».
2. Christine Planté, *La Petite Sœur de Balzac*, Éditions du Seuil, 1989, p. 227.

écrivaines prouveraient qu'elles sont surtout imprégnées du mythe primitif de l'amour passionnel tel que l'incarne *Tristan et Iseut*. Selon l'essayiste italien Alberoni, si les femmes ont élu le code sentimental de l'amour[3], c'est que ce dernier est en phase avec le rêve féminin d'une continuité où le plaisir des sens est médiatisé par le rapport amoureux au contraire du rêve masculin fondé sur la discontinuité d'un plaisir sexuel dissocié de l'amour. Cette divergence psychologique expliquerait la longue complicité historique des femmes (écrivaines et lectrices) avec le genre sentimental où l'acte sexuel est moins une fin en soi que la sanction physique de l'aveu amoureux et le goût des hommes (écrivains et lecteurs) pour un genre érotique où la recherche instantanée du plaisir sexuel pur exclut ce qui peut l'entraver et le différer. Au regard de nos mentalités contemporaines qui brouillent volontiers les repères traditionnels, cette répartition nette entre deux pôles peut paraître schématique. Cependant, elle n'est pas fausse si l'on en juge par l'histoire littéraire.

Jusqu'au XXe siècle, les écrivains ont été presque les seuls instigateurs et bénéficiaires de l'érographie alors que la majorité des écrivaines perpétuait une imagerie amoureuse plus ou moins conventionnelle au détriment de l'exploration de leur érotique singulière. Pendant des siècles, l'*ars erotica* et l'*ars amatoria* se distribuaient assez nettement autour des deux pôles, masculin et féminin. Pour les Précieuses dont l'émancipation cessait au seuil de l'alcôve, la promotion du code sentimental de l'amour avec ses raffinements rhétoriques et intellectuels apparaissait alors comme une réponse toute féminine à la décontraction des mœurs masculines. Afin de contrer cette désaffection inacceptable de la chair, certains écrivains produisaient de l'obscène en catimini tout en affichant des propos galants en société tandis que d'autres condamnaient de manière abrupte l'indisponibilité érotique de ces « putains spirituelles » que certains, comme le poète Claude, invitaient à dégourdir leurs chairs au bordel !

Il faudra attendre le début des années 1950 pour qu'une écrivaine ose coucher sur le papier ses fantasmes les plus inavouables.

3. Francesco Alberoni, *L'Érotisme*, Ramsay, 1987.

En effet, l'érographie féminine naît en 1954, année où paraît *Histoire d'O* sous le pseudonyme de Pauline Réage (Dominique Aury). Pour la première fois, une écrivaine enfante un univers fantasmatique à part entière, foncièrement amoral, où le sexuel n'est pas seulement un ingrédient destiné à pimenter l'« intrigue » mais où il obsède l'ensemble de l'œuvre. Certes, avant les années 1950, d'autres auteurs traitèrent de la sexualité : Rachilde, Valentine de Saint-Point, Colette, Renée Dunan, Joyce Mansour, etc. Cependant, en dépit de l'atmosphère fortement érotisée de la Belle Époque, des contraintes demeuraient, empêchant l'avènement d'un érotisme littéraire féminin décomplexé, à l'image par exemple des *Onze mille verges*[4] : le sentiment de culpabilité, les précautions de langage, l'importance du modèle conjugal jusque dans *L'Ingénue libertine* de Colette où, après une sorte de récréation érotique, la femme retourne vers son mari devenu entre-temps un amant accompli prêt à satisfaire tous ses désirs[5]… Valentine de Saint-Point a beau dénoncer les « guenilles sentimentales » de ses contemporaines en 1913 dans son *Manifeste de la luxure*[6], les écrivaines de la Belle Époque peinent à bouleverser la hiérarchie sexuelle des genres littéraires.

C'est au cours des années 1950 que l'érotisme littéraire se défait peu à peu d'une clandestinité subie pour s'afficher imprudemment au grand jour dans un contexte de censure qui ne favorise guère cette exposition.

L'érotisme littéraire oscille alors entre le frôlement qui brûle et la franche obscénité. L'érotisme noir, transmettant une vision désespérée ou triste de la sexualité, s'impose comme le courant de sensibilité dominant *via* les œuvres de Bataille, de Klossowski, d'Adamov, etc. On passe d'une conception enchanteresse de l'amour physique à une conception sombre et la découverte des camps de concentration nazis n'est pas étrangère à cette primauté d'un Éros noir, vecteur d'un savoir cruel sur l'être humain. Les recoins les plus inavouables de l'âme et du corps humains sont désormais traqués avec une lucidité

4. Apollinaire, *Les Onze mille verges*, Pauvert, 1973 (1re éd. clandestine : 1907).
5. Colette, *L'Ingénue libertine*, Albin Michel, 1968 (1re éd. : 1908).
6. Valentine de Saint-Point, *Manifeste futuriste de la luxure*, Les Mille et une Nuits, 2005 (1re éd. 1913).

douloureuse. Sade est la référence première de l'érotisme littéraire comme le montrent les études importantes publiées dès la fin de la guerre par Bataille, Blanchot, Simone de Beauvoir, Lely, Nadeau et Klossowski. Après avoir été considéré comme le libérateur de l'imagination amoureuse, Sade apparaît désormais comme un cas limite qui fait certes horreur par son inhumanité mais aussi comme l'auteur d'un document inestimable dont la portée philosophique intéresse. Dans le même temps, le masochisme se voit dévalué et, en particulier, sa référence principale, *La Vénus à la fourrure*. Du côté des hommes, l'expression de la cruauté fascine davantage les contemporains que l'exercice volontaire de la bassesse. Chez Beauvoir, le masochisme est une propension féminine à combattre liée au premier stade de l'initiation sexuelle. Elle proviendrait de la frigidité de la jeune femme sans expérience qui, se sentant coupable d'avoir cédé au désir masculin et incapable d'éprouver du plaisir, se venge en redoublant son humiliation et sa servitude. Contre le masochisme, Beauvoir préconise le don de soi positif, « ce qui signifie un dépassement », ou la conquête hédoniste d'une subjectivité en quête de « son propre plaisir » [7].

Le récit de Réage, qui déclenche à ses débuts moins un scandale qu'une chape de silence, offre un contre-exemple saisissant à la pensée féministe de Beauvoir. Aux antipodes du *Deuxième Sexe* qui appelle les femmes à conquérir leur indépendance financière, affective, sexuelle, *Histoire d'O* montre jusqu'où il est possible d'aller par amour : à la dépossession de soi et à la mort volontaire. Les éléments de l'Éros noir permettent de figurer à l'extrême la démesure de la passion amoureuse. À l'heure où le mythe passionnel est désacralisé au profit de l'érotisme, appelé à devenir au début des années 1960 un mythe moderne, une écrivaine inconnue ose s'approprier, dans une langue littéraire au-delà de tout soupçon, les ingrédients de l'érotisme masculin pour les mettre au service d'une aspiration toute féminine. En effet, la demande d'amour fou de l'héroïne est instrumentalisée par ses partenaires sexuels afin de satisfaire leur appétit de pouvoir tandis que le plaisir sexuel des hommes est instrumentalisé par la

7. Simone de Beauvoir, « L'initiation sexuelle de la femme », *Les Temps modernes*, mai 1949, n° 43, p. 798.

servante d'amour afin d'accéder au plus haut degré de la passion amoureuse. Le contrat est tacite mais reconduit à chaque jalon de ce parcours érotico-mystique dont l'issue est aussi tragique que dans *Tristan et Iseut.*

La veine sadomasochiste a particulièrement la cote chez les écrivaines des années 1950 qui renversent les rôles au bénéfice de leurs héroïnes. Des figures franchement sadiques apparaissent comme cette *Erzsébet Bathory*, comtesse hongroise sanglante qui procède à l'immolation collective de jeunes femmes, digne héritière de Sade. En 1953, est publié le récit de Jean de Berg (Catherine Robbe-Grillet), *L'Image*, qui met en scène un sadisme soigneusement contrôlé issu du contrat masochiste. La diffusion restreinte de *L'Image*, limitée à 790 exemplaires « réservés aux souscripteurs », n'a pas fait de sa publication un scandale médiatique. Le livre a plutôt circulé au sein d'un cercle d'amateurs éclairés. De même que Pauline Réage dont l'identité ne sera révélée officiellement qu'en 1994 dans un article du *New Yorker*, l'auteur de *L'Image* préservera longtemps son anonymat.

Dans ce récit qui met en scène un trio amoureux, l'homme est moins le maître du jeu que le faire-valoir d'un prétendu narcissisme féminin avide de se voir caressé et battu, ouvert à toutes les hontes. C'est le personnage de Claire qui mène le jeu sadomasochiste, fixe les épreuves et les rendez-vous, les commencements et les interruptions, guide le narrateur. Jean est l'initié qui se trouve instruit par une femme inaccessible, dominatrice, expérimentée et qui réprime tout mouvement de sensualité amoureuse. Comme *Histoire d'O*, le livre de Jean de Berg est formé d'un univers mental cohérent qui développe ses propres règles de fonctionnement. L'érotisme y est *cosa mentale*, dénégation de la nature sensuelle et conquête d'une maîtrise de soi. Le sadisme et le masochisme se manifestent comme des jeux de rôle et résultent de l'exercice de la volonté contre les mouvements naturels du corps. *L'Image* témoigne de la réappropriation féminine d'un genre érographique masculin ce qui a des incidences sur le rapport de forces mis en scène. Mais le dénouement semble malheureusement fournir un argument de plus en faveur d'un masochisme naturel des femmes. Car après s'être montrée inébranlable, l'héroïne, pâle et défaite, rend les armes. Jean devient son maître.

Ainsi, malgré l'appel de Beauvoir, le masochisme reste une composante fondamentale de l'*ars erotica* féminine émergente. Françoise d'Eaubonne a beau appeler dans *Le Complexe de Diane*[8] les femmes à éliminer cette tendance au nom de leur émancipation, l'inclination féminine à la soumission amoureuse reste une constante de la littérature féminine comme si les femmes ne pouvaient aimer sans se soumettre, sans s'oublier, sans être dépendantes. Chez Catherine Robbe-Grillet, le personnage de Claire domine en attendant de trouver son propre maître. Il en est de même d'œuvres pourtant présentées comme des livres « contre l'amour ». Par exemple, dans *Le Repos du guerrier*, on voit une héroïne toute dévouée à l'homme qu'elle aime y compris au plus fort de l'humiliation[9].

Événement fondateur qui a décomplexé les écrivaines, les a aidées à s'approprier l'érotisme littéraire afin d'y apposer leur propre marque, *Histoire d'O* est soit rejeté violemment, soit accepté comme un préalable nécessaire par les auteurs contemporaines de Dominique Aury. Tandis que l'auteur belge Suzanne Lilar dénonce cette œuvre, Emmanuelle Arsan fait part de son admiration même si son univers érographique est très éloigné de l'Éros noir.

Suzanne Lilar condamne fortement l'érotisme masculin. Pour l'auteur de *La Confession anonyme*[10], publiée anonymement en 1960, l'érotisme masculin s'appuie sur l'ordure pour atteindre une prétendue mystique au prix de la souillure de la femme. Rejetés du côté de l'abjection, Sade, Bataille et Réage portent atteinte à la dignité de l'Éros féminin. L'érotique féminine doit au contraire être envisagée comme une érotique amoureuse moins en quête de la satisfaction sexuelle que d'un savoir qui dépasse le simple contact des épidermes. C'est l'amour qui donne son sens au sexe, d'où l'importance de ne pas les dissocier car ce serait priver Éros de ses implications essentielles. À une époque où l'amour fou est démythifié et où l'érotisme des corps est promu, Suzanne Lilar réhabilite la valeur sacrée de l'union sexuelle. L'entreprise amoureuse relève de l'ordre métaphy-

8. Françoise d'Eaubonne, *Le Complexe de Diane*, Julliard, 1951.
9. Christiane Rochefort, *Le Repos du guerrier*, Grasset, 1958.
10. Suzanne Lilar, *La Confession anonyme*, Gallimard, 1983 (1re éd. anonyme : 1960).

sique. Il s'agit d'atteindre l'essence même de l'amour fou à travers un dévoilement progressif : « Aimer passionnément, c'est être passionnément déterminé à serrer de plus en plus étroitement l'objet de son désir, c'est être résolu à savoir à quoi s'en tenir en fin de compte sur ce qu'on traque. » [11] Si cette rêverie néo-platonicienne redonne à la femme une place importante au sein du couple, des adhérences traditionnelles demeurent. Et nous retrouvons à nouveau le masochisme féminin, décidément incontournable en cette période d'émergence de l'érographie féminine.

Largement autobiographique, publié sans nom d'auteur en 1960 par scrupule à l'égard de son époux, *La Confession anonyme* annonce la théorie amoureuse développée ultérieurement dans *Le Couple* [12]. Ce récit anonyme pose les jalons d'un nouvel art d'aimer distinct de l'érotisme masculin. Dans le même temps, l'ancestrale prosternation de la femme devant l'homme y trouve un prolongement inédit. *La Confession anonyme* relate l'histoire singulière d'un homme et d'une femme qui se nourrissent de leur désir réciproque, de leurs retrouvailles, de leurs séparations et de l'échec amoureux pour mettre à l'épreuve leur chair. L'amour est exalté par la continence. Cette ascèse qui profite surtout à l'héroïne Benvenuta prend appui sur la réceptivité érotique de la femme, c'est-à-dire sur ce « oui » béant du Féminin qui éprouve le besoin de se nier et de s'immoler. Les postures de soumission (l'agenouillement), les gifles que l'héroïne aime à recevoir, le goût de l'obstacle, témoignent de la complaisance de l'héroïne à la servitude amoureuse et rappellent la figure d'O. L'écrivaine montre que la femme veut être possédée, supplantée et pour y atteindre plus sûrement va jusqu'à la dénégation de sa propre personne. L'écrivaine fait de son héroïne « l'humble et souriante servante de l'amour » qui s'« engage » « non sans intrépidité dans le masochisme » [13]. Cependant, le masochisme féminin exclut ici « la voie de la souillure ». De plus, contrairement à O aveuglée par l'amour, Benvenuta est une héroïne lucide qui sait capter les divers

11. Suzanne Lilar, *À propos de Sartre et de l'amour*, Gallimard, 1967, p. 206.
12. Suzanne Lilar, *Le Couple*, Grasset, 1963.
13. *Ibid.*

éléments de son expérience amoureuse pour en extraire une signification et pouvoir ainsi la revivre et la prolonger une fois seule. Enfin, l'amant de Benvenuta n'est pas ce maître cruel qui dispense des tortures savantes afin d'éprouver son pouvoir phallique mais un guide spirituel qui oriente discrètement Benvenuta. Cependant, chez Réage comme chez Lilar, l'homme exerce son effet-pygmalion à l'égard de la femme.

Si les scènes érotiques restent ici rares et peu détaillées, il n'en reste pas moins que la rencontre amoureuse débouche d'emblée sur l'acte sexuel à l'initiative du personnage féminin qui prend l'offensive et donne le coup d'envoi de la passion, faisant fi des préliminaires. Comme dans les récits de l'*ars erotica*, les étapes de la rencontre amoureuse sont réduites au strict minimum. Si l'entrave est éliminée dès le début de *La Confession anonyme*, c'est dans le but de se débarrasser d'une virginité encombrante. La fin de la virginité fournit la condition préalable à une ascèse qui poursuit l'essence sacrée de l'amour à travers des épreuves. Les épreuves ne sont pas extériorisées comme dans *Histoire d'O* par des coups de cravache, des viols, un marquage au fer rouge mais elles sont fortement intériorisées par Benvenuta. Le passage de l'existence amoureuse vouée à un être particulier à l'essence amoureuse ne suppose ni l'évacuation de la chair ni sa torture mais un rouage essentiel, la motricité du désir : « C'est la motricité du désir qui littéralement nous donne des ailes et fait que nous nous élevons, échelon par échelon, gravissant le chemin qui va de l'amour d'un seul à l'amour de l'amour et plus haut encore. » [14]

L'auteur cherche à travers son récit, comme à travers ses essais ultérieurs, à réenchanter l'amour. Entreprise ardue, insolite et audacieuse au sein d'un contexte qui ne favorise guère, aux débuts des années 1960, cette démarche. Attaqué sur les deux fronts de la sexualité et du sentiment, faisant l'objet d'une redéfinition qui favorise surtout une conception masculine de l'amour, le couple doit redonner selon Lilar toutes ses chances à une « conception féminine de l'amour, à savoir l'éros confronté avec l'épreuve de la durée » [15].

14. *La Confession anonyme*, *op. cit.*, p. 153.
15. Suzanne Lilar, *Le Couple*, *op. cit.*, p. 287.

Beaucoup plus audacieux est l'univers érographique d'Emmanuelle Arsan, connu généralement par le biais du film *Emmanuelle*, sorti en salle en 1974 et resté de très longues années à l'affiche. Ce film réalisé par Just Jaeckin (également réalisateur d'*Histoire d'O* en 1975) est l'adaptation d'un récit clandestin paru plus de quinze ans auparavant, en 1959. L'éditeur Éric Losfeld attendra l'affaiblissement de la censure officielle pour oser publier au grand jour en 1967 une autre version plus édulcorée d'*Emmanuelle* où le pseudonyme de l'auteur, Emmanuelle Arsan, apparaîtra sur la page de titre.

Lorsque Losfeld rencontre l'écrivaine en 1959, il vient d'éditer la première version clandestine du récit qui lui avait été envoyé quelques mois auparavant par la poste depuis Bangkok. L'éditeur avait d'emblée été séduit par le livre et avant même cette rencontre avec un auteur dont il ne connaissait pas alors l'identité, il l'avait publié à 57 000 exemplaires. Selon les mémoires de l'éditeur, après la parution clandestine, une ravissante Eurasienne était venue à Paris, accompagné de son époux, un haut diplomate français et lui avait annoncé qu'elle était l'auteur du mystérieux manuscrit envoyé depuis la Thaïlande.

L'auteur du roman *Emmanuelle* passe par deux phases : l'anonymat en 1959 et le pseudonyme en 1967. Comme chez Dominique Aury, il s'agit d'éviter la censure et, surtout, des conséquences fâcheuses pour l'entourage, c'est-à-dire pour le mari Louis-Jacques Rollet-Andrianne. Puis, au fil des années, alors que les raisons de cacher le nom véritable n'ont plus lieu d'être, Emmanuelle Arsan reste hostile au dévoilement total car la révélation de son identité réelle pourrait compromettre selon elle la portée de son œuvre. De là à ce que l'extrême discrétion de l'auteur soit reçue comme une imposture, il n'y a qu'un pas que certains critiques franchissent allégrement en déclarant tantôt que l'auteur n'existe pas, tantôt que l'œuvre est le fruit d'un auteur masculin qui se fait passer pour une femme.

Dans le même temps, Emmanuelle Arsan est très éloignée de la discrétion à la Pauline Réage. Au contraire, l'auteur d'*Emmanuelle* mit à profit dans les années 1960 sa beauté brune comme modèle et comédienne tantôt sous le nom fictif d'Emmanuelle Arsan, tantôt sous son nom authentique : Marayat Rollet-Andrianne. Cependant, elle veilla à ne jamais se présenter sous son nom réel comme l'auteur d'*Emmanuelle*. Emmanuelle Arsan prit soin de distinguer le domaine de la création littéraire des activités plus « glamour ».

Dans les premières références de l'érographie féminine, les écrivaines veulent séparer leurs domaines de vie afin d'éviter les malentendus, les erreurs d'interprétation et la focalisation sur la personne de l'auteur au détriment de son œuvre. Chez Réage et Arsan, on est loin du phénomène Sagan où, dès *Bonjour tristesse,* les médias se penchèrent sur la figure de la jeune écrivaine, en firent le symbole vivant d'une nouvelle génération désenchantée et ce, parfois au détriment de la compréhension de son œuvre. On est loin aussi du cas contemporain de Catherine Millet dont *La Vie sexuelle de Catherine M.* est signée de son propre nom, identité réelle partiellement redoublée dans le titre. À sa parution, *Emmanuelle* est reconnu d'emblée comme l'un des plus grands livres érotiques du siècle. Un classique du genre. Les critiques se révèlent pour la plupart enthousiastes comme si l'érotisme noir n'était plus en phase avec le balbutiement de nouvelles attentes. *Emmanuelle* apporte un vent de fraîcheur dans un paysage érographique longtemps marqué par la mise en scène de passions mortifères. C'est Mandiargues qui parle le mieux du récit d'Arsan dans *La Nouvelle NRF* :

> Sa conception de l'érotisme est optimiste, radieuse, rayonnante, à l'image d'un édifice affirmant la gloire de l'homme dégagé de la glèbe et des servitudes anciennes.[16]

Il est vrai que les deux volumes qui composent le roman *Emmanuelle*, publiés à un an d'intervalle, font découvrir un univers érographique inédit qui tranche non seulement avec l'érotisme noir de Réage et de Robbe-Grillet mais aussi avec le réenchantement amoureux de Lilar.

« La leçon d'homme » raconte les aventures sexuelles d'une jeune femme de dix-neuf ans partie rejoindre son mari diplomate

16. André Pieyre de Mandiargues, « Note sur *Emmanuelle* », *La Nouvelle NRF*, 1959. Cité dans Tanguy L'Aminot, « L'étoile blanche dans les ténèbres : *Emmanuelle* », dans *Censure, autocensure et art d'écrire* (sous la direction de Jacques Domenech), Complexe, 2005.

à Bangkok où il est en poste. Emmanuelle part en avion depuis Londres pour la Thaïlande. Elle est d'abord séduite par son compagnon de cabine puis par un inconnu dans un avion futuriste appelé « la licorne blanche ». Puis, une fois à Bangkok, une initiation progressive la conduit à développer toutes ses facultés, à vivre pleinement sa sexualité avec de multiples partenaires, hommes et femmes, dans la société oisive des expatriés français.

Dans le premier volume, la rencontre à Bangkok avec un maître en érotisme prénommé Mario marque le passage d'une vie érotique totalement spontanée, livrée à la pure jouissance physique, à une science érotique. Mario a en effet une mission : apprendre à Emmanuelle à dépasser le stade de la satisfaction sexuelle pour mettre en œuvre quotidiennement une nouvelle morale érotique.

Au contraire de Bataille, Mario ne fait pas de l'érotisme « le problème des problèmes » mais la voie d'accès au bonheur humain. C'est à partir d'une vie érotique intense, éclairée par la raison et l'intelligence qu'il est possible d'appréhender selon lui la totalité de la vie humaine soit : « l'art, la morale, la science : le beau, le bien, le vrai – c'est-à-dire tout » [17]. Sa conception totalisante de l'érotisme est illustrée par un large éventail définitionnel, lui-même développé en une multitude de définitions secondaires. Défini aux plans ontologique, « une conception du destin de l'homme » ; politique, « instrument de salubrité mentale et sociale » ; esthétique, « la passion de la beauté » ; moral, « il est bel et bon de faire l'amour et de le faire librement » ; utopique, « l'homme érotique [...] sera plus que l'homme et il sera cependant encore l'homme. Simplement plus adulte, plus avancé sur l'échelle de l'évolution », l'érotisme est aussi précisé dans « ses formules d'exception », ses conditions (jeunesse, liberté de l'esprit, etc.), ses défaillances, ses ennemis (« l'esprit du mal » : la honte, la peur, la cruauté, etc.). Cette morale érotique est érigée en système qui se subdivise en de « petites lois » [18] élémentaires.

Les lois secondaires, l'insolite, l'asymétrie et le nombre, remettent en cause le schéma amoureux conventionnel fondé sur la dyade

17. Emmanuelle Arsan, *Emmanuelle Livre 1 : La leçon d'homme*, Paris, La Musardine, 1999 (Éd. originale : 1957 ; 2e édition : 1968), p. 224.
18. *Ibid.*, p. 230.

homme/femme, sur des situations réitérées, sur le repli exclusif du couple. Elles prennent en effet le contre-pied de l'opinion courante. L'inusité, l'imparité réelle ou fantasmée de la situation érotique ainsi que l'illimitation charnelle que permet la multiplication des partenaires ou la fragmentation corporelle (ne donner qu'une partie de son corps) sont promues. Parce qu'Emmanuelle est jeune, belle, sensuelle, libre, elle est appelée à mettre ces petites lois en pratique au nom de la grande loi d'Éros résumée ainsi dans *La Leçon d'homme* :

> Tout temps passé à autre chose qu'à l'art de jouir, entre des bras toujours plus nombreux, est un temps perdu. [19]

Emmanuelle Arsan inaugure une dynamique érotique optimiste, décomplexée, démy(s)tifiante. Aux passions mortifères et d'illusion que Mario définit comme « la volonté de puissance ou de servitude, la volupté de faire souffrir et de faire mourir ; la fascination, le désir et l'amour de la souffrance et de la mort et l'appétit d'éternité », il oppose ces « passions de lucidité » qui mobilisent toutes les ressources de l'intelligence humaine, de la volonté au courage, de l'imagination à la raison.

À cause de cette divergence fondamentale, on pourrait penser qu'Arsan ait dénoncé avec virulence l'univers mortifère d'*Histoire d'O*. Au contraire, le livre de Réage est appréhendé comme un événement littéraire fondateur ayant provoqué une transformation de l'être moral du lecteur, de sa disposition à l'égard de l'amour. Le lecteur n'est ni devenu sadique avec Sir Stephen ni masochiste avec O :

> Nous ne sommes pas, par dévotion à une imagerie, devenus maniaques du fouet. Ni plus ni moins qu'auparavant, nous n'avons laissé nos amants nous charger de chaînes et nous livrer à des inconnus par recherche amoureuse. [20]

Mais il a suscité « une influence dynamique, évolutive », « une progression intellectuelle et morale ». Le lecteur a « appris » à se

19. *Ibid.*, p. 231.
20. Emmanuelle Arsan, *Plexus*, « La tribune des lecteurs », 15 octobre 1968.

délivrer de sentiments oppressifs comme la honte et la peur au profit d'une plus grande tolérance à l'égard de ce que l'amour est en droit d'inspirer, de ses excès : « Mais nous avons appris qu'il était possible de penser ces excès sans laideur et sans honte ».

C'est de cet acte de mise à nu qu'Arsan déclare s'être inspirée pour oser écrire *Emmanuelle. Histoire d'O* est érigé en précédent pris pour guide : « Sans l'*Histoire d'O*, peut-être *Emmanuelle* n'aurait-elle jamais vu le jour [...] elle a achevé de me convaincre que ce n'est pas être nu que se cacher pour être nu [...] en donnant l'exemple d'une indépendance d'esprit qui n'était pas une pose. »

Si la morale amoureuse d'Emmanuelle Arsan vise comme chez Réage de « ne plus avoir honte d'aimer », elle diverge en revanche sur les moyens utilisés pour parvenir à cet objectif commun.

Publié en 1959, *Emmanuelle* apparaît en avance sur l'époque. Voie d'accès au bonheur humain, l'érotisme est conçu comme un instrument au service d'une double libération mentale et physique mais il est aussi conçu comme un art de vivre et d'aimer, résolument progressiste et humaniste. Tandis que la publication clandestine du livre semble amorcer un processus de libération sexuelle, sa publication officielle semble accompagner l'explosion libertaire de la fin des années 1960.

Cependant, le bonheur érotique tel qu'il est théorisé dans l'œuvre d'Emmanuelle Arsan n'est pas assimilable aux conceptions d'Herbert Marcuse ou bien encore de Wilhem Reich, tous deux théoriciens de la libération sexuelle. Le bonheur érotique promu par Arsan n'est ni réductible à un phénomène physique, c'est-à-dire l'orgasme, ni applicable à la société entière, à la foule anonyme qu'Arsan définit comme une « multitude lâche, conformiste et censurante »[21].

Le véritable bonheur selon Arsan est un état d'esprit, une dépense réfléchie, une conquête individuelle qui ne suit ni les modes ni les vieux schémas mais puise du nouveau au fond de l'inconnu. Le livre d'Emmanuelle Arsan n'est donc pas un simple récit érotique destiné à émouvoir nos sens. Il met en scène une théorie en pleine gestation, appelée à se développer dans toute son ampleur dans ses textes ultérieurs.

21. Emmanuelle Arsan, *L'Hypothèse d'Éros*, Filipacchi, 1974, p. 57.

Car l'érotisme est le cheval de bataille d'Emmanuelle Arsan, comme l'illustrent par exemple les essais parus dans des périodiques italiens et français entre 1969 et 1974 et rassemblés dans *L'Hypothèse d'Éros*. Ces essais inscrivent la pensée érotique d'Arsan dans son temps. De plus, Emmanuelle Arsan s'est engagée dans un certain nombre de débats de son époque où se disputaient une minorité progressiste et les tenants d'un conformisme moral. Elle a pris position sur la pilule, le modèle matrimonial, le divorce, le naturisme, la liberté amoureuse entre jeunes gens, etc. Néanmoins, entre l'idéal que défend Emmanuelle Arsan et la réalité contemporaine dans laquelle elle s'inscrit, il existe de nombreux obstacles que l'auteur ne se propose pas de franchir en agissant sur les lois, comme c'est le cas par exemple des mouvements féministes. Il s'agit d'aider surtout les individus à gagner en lucidité, à « ouvrir les yeux ».

Son érotisme apparaît donc comme une école de la lucidité qui ne ressemble à aucune autre. Arsan se montre même habile à débusquer au sein même des revendications libertaires excessives des réflexes de peur, de fuite, de résignation. Elle incarne un certain militantisme érotique qui ne se place ni sur le terrain utopique de Fourier, dont *Le Nouveau Monde amoureux* est davantage un modèle pour « anges » que pour « mortels », ni sur celui de Marcuse. Par ses thèses radicales, elle se démarque également du militantisme sexuel des féministes même si la revendication d'égalité et de libération des sexes est formulée selon Arsan « à bon droit », celle-ci n'hésitant d'ailleurs pas à adresser en 1968 une lettre ouverte au pape Paul VI sur la pilule.

Tandis que l'idéal de la femme libre se concrétise dès les années 1950 sous les traits de la femme non liée, tiraillée par des aspirations contradictoires, ou bien encore sous les traits de la jeune fille lucide mais désabusée, Emmanuelle est une héroïne véritablement libre et heureuse dans ses pratiques sexuelles diverses, dans son appréhension du plaisir et dans sa vision du monde. Sa conception de l'érotisme brise la plupart des grands tabous historiques pesant sur la sexualité : l'homosexualité masculine et féminine, la masturbation, l'exhibitionnisme sexuel, l'amour collectif, la prostitution, la nudité, le trio comme mesure du couple, etc.

L'érotisme d'Arsan est mixte. Il récuse les frontières, s'intéresse autant à la beauté des corps masculins qu'à celle des corps féminins.

La disponibilité immédiate d'Emmanuelle qui dispense l'autre de la courtiser est une aubaine pour les hommes qui croisent son chemin mais, dans le même temps, Emmanuelle est très amoureuse de son mari qui est le principal bénéficiaire de ses multiples expériences. Elle se repose aussi sur Mario pour faire son éducation, d'où un effet-pygmalion de l'homme que nous retrouvons chez les autres érographes. Il y a dans *Emmanuelle* un heureux équilibre entre des éléments propres à la psyché féminine comme le don de soi, l'implication affective et le désir de continuité amoureuse auprès d'un seul et des éléments propres à la psyché masculine comme la discontinuité sexuelle, l'appétit de jouissance auprès de plusieurs.

Dans *Histoire d'O*, l'héroïne obéissait corps et âme à des fantasmes masculins afin de garder l'amour de son amant. Dans *Emmanuelle*, c'est une rêverie bisexuelle qui est proposée. Les amours durables et les amours secondaires, qu'elles soient masculines ou féminines, sont conjuguées avec aisance et sans sentiment de culpabilité.

Ainsi, les premières références de l'érographie féminine se signalent par un désir de conciliation entre deux traditions, deux registres, deux codes de l'amour, qui se sont longtemps définis en termes d'opposition : l'*ars erotica* et l'*ars amatoria*, l'art d'aimer et l'art de faire l'amour, le règne de l'amour unique et la multiplicité érotique. C'est cette conciliation même et le soin apporté aux retentissements affectifs, psychologiques, intellectuels qui distingue l'érographie féminine d'une tradition masculine essentiellement soucieuse de donner à voir le sexe pour lui-même et bien entendu d'une pornographie contemporaine négatrice de la personne, surtout féminine…

Il s'avère que dans l'érographie féminine contemporaine et jusqu'au cœur de ses œuvres les plus décomplexées, une imprégnation de l'*ars erotica* par l'*ars amatoria* est encore palpable. Par exemple, l'œuvre érographique d'Alina Reyes est ambivalente, à la fois dégagée des contraintes de l'*ars amatoria* et chargée d'adhérences. Par exemple, si *Le Boucher* n'est pas aimé, l'effet pygmalion de l'homme demeure. En effet, c'est l'amant qui sert de guide érotique, éveillant le désir féminin par des mots crus chuchotés à l'oreille ou contrôlant les étapes de la geste sexuelle. C'est l'homme qui excite, enseigne et surveille le désir féminin dont la part d'inassouvissable dépasse l'érotisme des corps. Dans *Sept nuits*, l'auteur fonde son récit sur une *linea erotica* où le duo amoureux s'ouvre vers un tiers personnage avec lequel la narratrice reforme un nouveau couple. Tandis que le désir fou de la narratrice, la description érotique du corps de l'amant et des sensations éprouvées, le recours à des termes de l'organique direct et l'absence de conversation amoureuse ancrent le livre dans le registre érographique, le primat du couple (pas de triolisme), le thème du rendez-vous et la création artificielle de contraintes qui permettent de différer la jouissance réciproque témoignent de sa dette à l'égard de l'*ars amatoria*.

Aussi étonnant que cela puisse paraître, même l'auteur de *La Vie sexuelle de Catherine M* hérite de l'effet-pygmalion de l'homme, de la propension au don de soi, du statut d'un sujet clivé, tiraillé entre des aspirations contradictoires, hésitant entre la quête amoureuse (« voir se profiler sur ma route celui qui me bouleverserait comme aucun autre » [22]) et la liberté sexuelle.

Mais c'est en raison même de ce mélange des genres, de cette aptitude à l'amour au sein même de la pratique érotique, de cette prééminence du désir, que l'érographie féminine présente une indéniable valeur ajoutée face à la norme pornographique désenchantée.

Alexandra Destais

22. Catherine Robbe-Grillet, *Jour de souffrance*, Flammarion, 2008, p. 15.

Les romans français de science-fiction (1950-2008) : retour sur soixante ans de futurs alternatifs

« La science-fiction vaincra », annonçait en 1953 un article provocateur signé Raymond Queneau, dans lequel il indiquait que ce nouveau genre, né de la modernité américaine, allait élargir les horizons de la littérature et de la culture françaises. Soixante ans plus tard, loin d'avoir triomphé, la science-fiction ne jouit en France que d'une reconnaissance de fait et non de l'écrasante légitimité que Queneau, et avec lui d'autres partisans comme Boris Vian, lui souhaitaient. De plus, cette reconnaissance ne s'est étendue à la littérature de science-fiction qu'après le succès d'un cinéma de science-fiction maîtrisant, à la suite de *2001 : L'Odyssée de l'espace* (1969), des effets spéciaux assez crédibles et impressionnants pour fasciner même les plus réticents des critiques. Par le biais du cinéma et de la télévision, puis par celui d'Internet et des jeux vidéos, des images et des thèmes propres à la science-fiction se sont répandus, si bien qu'en ces années 2000 même une personne n'ayant jamais ouvert un livre de science-fiction se sent capable de caractériser ce genre par son contenu, tenu pour un agrégat de stéréotypes où figurent robots tueurs ou serviles, extraterrestres belliqueux ou naïfs, et divers véhicules aux réacteurs mugissant à travers l'espace. Néanmoins, avant d'être une source d'images colorées et parfois naïves, la science-fiction est une littérature aux ressorts complexes, qui permet à ses lecteurs de développer un regard critique sur le monde qui les entoure. Même si le domaine américain exerce en la matière une hégémonie incontestée à l'échelle mondiale, la littérature de science-fiction française a fourni depuis son origine des ouvrages remarquables, qui restent pourtant confinés dans les limites de collections spécialisées.

De fait, si l'honnête homme croit savoir ce qu'il pourrait trouver dans un roman de science-fiction sans en avoir lu une ligne, il reste en revanche incapable de nommer des écrivains de science-fiction et, dès lors, d'effectuer un choix informé parmi la multitude de titres disponibles, où se mêlent classiques du genre, audaces contemporaines et produits de consommation courante. De plus, lorsqu'il se fait lecteur, il est confronté à une deuxième série de difficultés. En dépit de l'apparente simplicité de leur contenu, les romans de science-fiction se révèlent d'une lecture ardue, qu'il est courant d'attribuer à leur médiocrité stylistique ou à des faiblesses de caractérisation psychologique. Les problèmes de lecture proviennent en fait de l'inexpérience du lecteur. Même chevronné, ce dernier est habitué à se concentrer sur la narration, quitte à méditer ponctuellement sur des descriptions intrigantes ou des pensées sagaces habilement disposées par l'auteur. Confronté à un texte de science-fiction, un tel lecteur est dérouté par les processus textuels à l'œuvre dans la science-fiction, qui exigent de lui une même attention à deux niveaux simultanément. En effet, le lecteur de science-fiction doit être capable, à partir des mêmes phrases et des mêmes mots, de reconstituer ensemble le récit et le monde dans lequel il se déroule. L'intrigue révèle le monde et le monde permet l'intrigue : loin de n'être que des images stéréotypées, les objets spécifiques de la science-fiction sont les indispensables pivots qui déclenchent ce processus à double face [1].

Ainsi, considérons le cas du vaisseau spatial, image mille fois reprise en science-fiction. Un vaisseau spatial est essentiellement un moyen de transport permettant de sortir de l'atmosphère d'une planète pour se déplacer dans l'espace. Or, les moyens de transport, aux yeux d'un lecteur novice en science-fiction, font partie d'un décor

1. Richard Saint-Gelais (*L'Empire du pseudo, modernités de la science-fiction*, Québec, Éditions Nota Bene, coll. « Littérature(s) », 1999) parle, pour désigner ce mécanisme de lecture, de la constitution d'une « xéno-encyclopédie » : le lecteur doit, pour comprendre le texte, supposer qu'une encyclopédie pourrait être raisonnablement écrite sur le monde imaginaire servant de décor aux aventures qu'il lit ; par conséquent, il glane toutes les informations disponibles dans le texte pour les incorporer à cette encyclopédie virtuelle.

stable et secondaire au regard de l'intrigue. Il importe peu au lecteur de Balzac de savoir par quel moyen les Parisiens se déplacent, pas plus qu'il ne spécule sur les changements que provoquerait dans *La Comédie humaine* l'introduction du moteur à explosion. En revanche, pour le lecteur du *Gambit des étoiles*, de Gérard Klein, la connaissance et la compréhension des moyens de transport dont disposent les êtres humains sont indissociables de l'appréhension de l'intrigue et du monde imaginé par l'écrivain. Dans ce monde, l'espèce humaine s'est répandue à travers l'espace, mais les liens sociaux se distendent du fait des distances prodigieuses qui séparent les mondes humains : même des vaisseaux se déplaçant à la vitesse de la lumière mettent des dizaines d'années à effectuer certains de leurs trajets. Le personnage principal est d'abord victime d'une logique de colonisation forcée, car le gouvernement central de l'humanité préfère projeter, à la découverte de nouvelles planètes, vague après vague d'explorateurs et de colons, plutôt que de risquer la rupture des relations entre les galaxies humaines. Sa quête, qui permet de constater les limites du voyage spatial, aboutit à la découverte, entre autres révélations, de la faculté des êtres humains à se téléporter, c'est-à-dire se déplacer instantanément d'une planète à l'autre. La société issue de la téléportation est destinée à être tout autre que celle que permettait le voyage spatial : en même temps que se résout l'intrigue, le monde postulé par le roman évolue en profondeur.

Ce simple exemple permet de mesurer à la fois l'origine de l'enthousiasme des Vian et Queneau, découvrant aux États-Unis des textes pareils à des énigmes métaphysiques, et les réticences de lecteurs appelés à mobiliser toutes leurs facultés de représentation pour reconstituer des mondes chimériques, peuplés de créatures, de machines et de situations sans équivalent direct dans la réalité. La littérature de science-fiction apparaît, paradoxalement, comme un genre populaire s'adressant à une élite, aux « *happy few* » susceptibles d'en maîtriser les arcanes. Il pourrait être tentant, de ce fait, de distinguer entre un versant populaire, livrant en grande quantité à des habitués peu exigeants des produits de consommation courante, et un versant plus raffiné, qui fournirait des romans de haute volée, tant sur le plan scientifique que sur le plan esthétique. L'étude superficielle des structures éditoriales de cette littérature invite d'ailleurs à proposer un tel partage, que la connaissance de l'histoire du genre amène à réviser. Cela reviendrait en effet à négliger les textes parus initialement dans les collections les moins ambitieuses, mais réédités ensuite dans les plus prestigieuses. La littérature de science-fiction forme en effet un continuum dans lequel le meilleur et le pire se trouvent réunis par une parenté de structures et de mécanismes de lecture, si bien que des chefs-d'œuvre peuvent se voir publiés dans des collections tournées vers une production de masse, tandis que des œuvres médiocres sont susceptibles de fleurir dans les catalogues de collections exigeantes. Par la suite, le succès et le passage du temps, en science-fiction comme dans le reste de la littérature, distinguent les romans dignes de devenir des classiques. Cependant, cette littérature présente un cas particulier, puisque, en France, la science-fiction ne s'est constituée qu'à partir de 1950 et que sa mémoire de genre est donc pour l'essentiel très récente.

Il y eut en France une science-fiction avant la science-fiction : il s'agissait d'une littérature d'imagination scientifique qui n'était qu'un courant informel, où se croisaient des inflexions du roman d'aventures et des récits d'anticipation, dans la lignée de Jules Verne ou de H. G. Wells[2]. En dépit de textes remarquables, comme *Les Xipéhuz*, *La Mort de la Terre* ou *Les Astronautes* de Rosny aîné, *La Guerre des mouches* ou *L'Œil du* purgatoire de Jacques Spitz ou encore *Le Péril bleu* ou *Le Docteur Lerne* de Maurice Renard, le « merveilleux-scientifique », pour reprendre une expression de ce dernier, échoua à devenir un genre à part entière, clairement identifié et pratiqué consciemment par de nouvelles générations d'auteurs français[3]. D'une manière significative, le dernier auteur s'inscrivant dans cette « pré »-science-fiction, René Barjavel, cessa durablement d'écrire des romans d'imagination scientifique après l'apparition de la science-fiction : même s'il revendiqua le terme et défendit la lit-

2. Voir à ce sujet Jacques Baudou, *La Science-Fiction*, PUF, coll. « Que sais-je ? », n° 1426, 2003.

3. On peut lire d'excellents exemples de cette littérature d'imagination scientifique dans le recueil composé par Serge Lehman, *Chasseurs de chimères. L'Âge d'or de la science-fiction française*, Paris, Omnibus, 2006. La préface de ce recueil constitue également une bonne introduction à l'étude de cette littérature.

térature qu'il désignait, il ne publia jamais de roman inspiré par la science-fiction américaine[4].

Ainsi, jusqu'en 1950, des romans et des nouvelles présentant images et concepts scientifiques parurent au sein de collections populaires ou peu durables, en ne suscitant qu'une indifférence bienveillante de la part des critiques littéraires. Le regard sur la littérature d'imagination scientifique se modifia radicalement lorsque les auteurs français prirent modèle sur la « *science fiction* » importée des États-Unis, qui par le biais de revues populaires s'y était développée pendant les années 1930 et 1940. Le domaine américain fut, dès lors, toujours considéré comme la principale, sinon la seule, source de la littérature de science-fiction, tandis que les auteurs français qui s'y essayaient durent lutter pour obtenir une reconnaissance même au sein des collections spécialisées.

Cette origine « étrangère » empêcha durablement toute légitimation de cette littérature en France. Jacques Sternberg, partisan de la première heure, présenta amèrement, en 1957, la difficile adaptation de la science-fiction, en écrivant que le public français avait admis « ce nouveau produit littéraire avec un certain mépris, comme on avait admis le Coca-Cola, à contrecœur et sans s'y intéresser. » De fait, si certains auteurs américains furent très bien accueillis, à l'instar de Ray Bradbury et de ses *Chroniques martiennes* en 1954, la science-fiction se vit reprocher de ne pas tenir ses promesses : d'abord présenté comme la « résurrection de la poésie épique »[5], ce nouveau genre littéraire parut rapidement se réduire à une suite de « westerns de l'espace ». Dès 1953, Michel Butor parlait d'une « crise de croissance de la science-fiction »[6]. Il regrettait le peu d'ambition de la plupart des textes de science-fiction, qui limitaient d'après lui leurs inven-

4. René Barjavel est notamment l'auteur de *Ravage* et du *Voyageur imprudent*. Les romans qu'il publia à la fin des années 1960, *Le Grand Secret* et *La Nuit des temps*, reprennent des thématiques caractéristiques de l'imagination scientifique d'avant-guerre (civilisations disparues et cataclysmes).

5. Stéphane Spriel et Boris Vian, « Un nouveau genre littéraire. La *science fiction* », *Les Temps modernes*, n° 72, octobre 1951, p. 626.

6. Michel Butor, *Répertoire*, Éditions de Minuit, 1960 (« La Crise de croissance de la science-fiction », p. 186-194). Paru initialement dans *Cahiers du Sud*, n° 317, 1er semestre 1953, p. 31-39.

tions à des « réduplications », c'est-à-dire au travestissement sous des termes pseudo-scientifiques d'objets et de situations déjà connues.

Littérature essentiellement étrangère, ou promettant plus qu'elle ne pouvait tenir, la science-fiction se trouva ainsi reléguée en France dans un domaine restreint, mais extrêmement dynamique. Ce « ghetto », ainsi que le nommaient les amateurs de la science-fiction, était peuplé de lecteurs passionnés dont certains devinrent des acteurs du milieu en formation, comme critiques, directeurs de collection ou écrivains. L'histoire de la littérature de science-fiction française est, en même temps que celle des romans et des nouvelles qui parurent en grand nombre dans des collections spécialisées, celle de ces générations de passionnés, qui s'efforcèrent de soutenir la création littéraire par le biais de réseaux de sociabilité. Naquirent alors des clubs de lecture, des magazines publiés à prix coûtant où les écrivains faisaient leurs premières armes, puis des conventions nationales, où furent attribués des prix littéraires. Ces réseaux se sont maintenus ou recréés avec l'essor d'Internet, et de nombreux sites d'une rare précision bibliographique permettent de connaître l'état passé et présent de la production littéraire de science-fiction en France, ainsi que de comparer entre amateurs ses expériences de lecture[7].

Sans ce réseau de passionnés, c'est probablement un nombre bien moins important d'auteurs français qui aurait obtenu d'être publié par les collections spécialisées. En effet, ces collections, qui tiraient entre cinq et vingt-cinq mille exemplaires selon leur format et leur prix, vendaient plus difficilement, sauf en de rares exceptions, des romans français que des romans traduits. Les écrivains français restèrent longtemps comparés aux auteurs américains : même les critiques les plus favorables traquaient dans les œuvres françaises les influences américaines, ou considéraient comme un compliment d'indiquer que tel ouvrage pouvait se mesurer aux meilleurs romans américains.

Néanmoins, une fois que la science-fiction bénéficia, à défaut de légitimation, d'une certaine rentabilité, les directeurs de collection, eux-mêmes des passionnés, se montrèrent disposés à accueillir dans

7. Les plus actifs de ces sites sont : Quarante-deux (www.quarante-deux.org); Noosfere (www.noosfere.com); ActuSF (www.actusf.com); Le Cafard cosmique (www.cafardcosmique.com).

leurs collections des romans français. Le rôle de la principale revue de référence, *Fiction*, fut également déterminant : dès sa création en 1953, et jusqu'à sa disparition en 1989, cette revue publia des nouvelles d'auteurs français au côté de nouvelles d'auteurs américains. Son cahier critique servit aussi, en un temps où l'histoire du genre restait confuse, à donner des points de repère aussi bien sur l'actualité américaine que sur les précurseurs français. Des essais et des tribunes permirent également d'amorcer une réflexion sur la science-fiction, nécessaire pour s'approprier un genre apparemment étranger.

Les soixante années de publication de la science-fiction en France peuvent être évoquées sous deux angles, l'histoire de l'édition de la science-fiction et l'histoire de son esthétique. L'une et l'autre histoire permettent de saisir chacune un aspect de ce qui a fondé le plaisir de lecture de la science-fiction en France. D'une part, la littérature de science-fiction s'est vue depuis son apparition publiée dans des collections spécialisées : péché mignon pour lecteurs éclectiques, la fréquentation de ces collections est toujours revenue à s'éloigner des recommandations consensuelles, en jouissant de la satisfaction d'être un initié, capable de discernement devant ces couvertures bariolées. D'autre part, le plaisir suscité par la lecture de la science-fiction présente ceci de particulier qu'il est fondamentalement cumulatif, si bien que l'intérêt des amateurs n'a cessé de croître, tout en se raffinant, au cours des ans et que les écrivains, lecteurs eux-mêmes, se sont efforcés de proposer des œuvres toujours plus subtilement composées.

Suivons le fil de ces soixante années du point de vue d'un hypothétique lecteur découvrant la science-fiction au début des années 1950 et ne cessant par la suite jamais d'en lire[8]. Favorable par principe à l'écriture de la science-fiction par des auteurs français, il ne trouve jusqu'en 1958, en se fournissant dans de rares librairies spécialisées, ou dans les gares, qu'une poignée de romans mémorables, dispersés dans les quelques collections qui se partagent le domaine, soit parmi des traductions de romans anglo-saxons, soit au milieu de romans

8. Ce lecteur hypothétique est parisien. Sans cela, il aurait beaucoup de mal à se procurer directement des romans de science-fiction, jusqu'aux années 1970. Toutefois, abonné à la revue *Fiction*, un lecteur de province pourrait se faire une idée des parutions récentes et les faire commander par un libraire.

d'aventure aussi vite dévorés qu'oubliés. *Ceux de nulle part* (1954) de Francis Carsac, *La Naissance des dieux* (1954) de Charles Henneberg et *Niourk* ou *Oms en série* de Stefan Wul, figurent en bonne place dans sa bibliothèque. À partir de 1958, ce lecteur s'attache passionnément au « Rayon Fantastique » (Gallimard/Hachette), parce qu'il y trouve des œuvres telles que *Le Gambit des étoiles* de Gérard Klein, *Surface de la planète* de Daniel Drode, *Ce monde est nôtre* de Francis Carsac, *Le Ressac de l'espace* de Philippe Curval, ou *La Plaie* de Nathalie Henneberg. La disparition de cette collection en 1964 le laisserait inconsolable si, entre-temps, la collection « Anticipation » (Fleuve Noir) n'avait publié des romans laissant bien augurer de l'avenir, comme *Aux armes d'Ortog* d'André Ruellan ou les trois tomes de la *Saga d'Argyre* de Gérard Klein[9]. En dépit de l'excellent *Signe du Chien* de Jean Hougron, il ne compte guère sur « Présence du Futur » (Denoël), qui préfère alors publier des auteurs étrangers.

Se retournant sur cette première décennie de science-fiction française, notre lecteur associe volontiers la science-fiction avec quelques images et thèmes bien précis. Pour lui, elle se confond en général avec le « *space opera* », le roman d'aventures spatiales, dont ses ouvrages préférés lui ont fourni d'innombrables variations. Alors que les programmes spatiaux américains et soviétiques se font concurrence, en visant la lune, la science-fiction propose depuis longtemps à ce lecteur des visions de galaxies lointaines. Son plaisir de lecture naît en partie de la reconnaissance d'éléments familiers, mais se trouve bien plus stimulé par les raffinements qu'il est à même de détecter, en acquérant peu à peu une grande acuité de lecture.

Ainsi, les romans ne se contentent plus de présenter de longs excursus sur la nature de sociétés extraterrestres, comme dans *Ceux de nulle part*. Ce qui était fascinant en 1954 serait jugé trop simple en 1964 et les écrivains prennent soin de disposer au fil des aventures de leurs personnages des indications ponctuelles permettant de comprendre les tenants et aboutissants de ces sociétés étrangères. La compréhension de la nature des civilisations extraterrestres devient

9. André Ruellan écrit alors sous le pseudonyme de Kurt Steiner et Gérard Klein sous celui de Gilles d'Argyre.

un enjeu narratif : Francis Carsac, revisitant l'univers de *Ceux de nulle part* dans *Ce monde est nôtre*, met en scène, sur fond de conflit planétaire, une enquête destinée à déterminer laquelle, de trois cultures extraterrestres, est la mieux adaptée à la planète où elles coexistent. Selon la même logique, au franc antagonisme régnant au début des années 1950 entre l'espèce humaine et les créatures venues de l'espace se sont substituées au fil des ans des évocations plus ambiguës de rencontres du troisième type, dans lesquelles l'humanité n'a pas toujours la haute main. *Oms en série* présente des êtres humains qui, ayant perdu par leur propre faute toute intelligence, sont de simples animaux familiers pour les gigantesques Draags. Ce n'est qu'en raison d'une suite de hasards et d'audaces qu'une communauté humaine parvient à fonder une nouvelle civilisation, avant de proposer une association aux puissants extraterrestres. D'une manière plus dérangeante encore, les extraterrestres du *Ressac de l'espace*, en apparence de dangereux conquérants, entendent en réalité permettre à l'humanité d'accéder à une meilleure compréhension de l'Univers, par le biais d'une symbiose bénéfique de part et d'autre. Ce que le lecteur fidèle constate à la lecture de ces ouvrages, c'est une accumulation de références, non pas sur le mode de la surenchère, mais sur celui de l'émulation, qui conduit à élaborer des intrigues dans lesquelles le monde évoqué est toujours plus complexe. Cette intertextualité propre à la science-fiction, dont notre lecteur excelle à identifier les indices textuels, explique sans doute la circonspection avec laquelle il accueille des ouvrages reprenant des thèmes de la science-fiction, mais sans s'intégrer à l'édifice général de ce genre, tels que *La Planète des singes* de Pierre Boulle.

En l'absence du « Rayon Fantastique », pendant la deuxième moitié des années 1960, ce lecteur constate que les meilleurs auteurs se taisent et que les collections survivantes ne manifestent guère d'ambition. Il s'aperçoit alors que la création littéraire dépend très étroitement, dans le ghetto de la science-fiction, d'un soutien actif des éditeurs, qui pourraient se contenter de publier des ouvrages traduits. Quelques volumes indispensables s'ajoutent à sa bibliothèque : *Les Tueurs de temps*, *Le Sceptre du hasard* et *Les Seigneurs de la guerre* de Gérard Klein, *Les Improbables* et *Ortog et les ténèbres* d'André Ruellan, ainsi que *Les Hommes-Machines contre Gandahar* de Jean-Pierre Andrevon.

Après ces quelques années peu propices à la création française, les années 1970 sont pour lui un temps d'émerveillement constant. Alors qu'il évitait jusque-là de s'afficher en public avec un des ouvrages à couverture bariolée qu'il dévorait, il s'aperçoit que les nouveaux lecteurs autour de lui n'ont pas cette pudeur. En même temps que la bande dessinée, qui trouve dans la science-fiction, paradoxalement, une source d'images et de thèmes plus adultes que ceux qui lui étaient réservés jusque-là, la littérature de science-fiction gagne rapidement en valeur culturelle. Imaginer d'autres mondes et dénoncer par le biais de fables frappantes les travers de notre monde de référence devient une activité honorable après mai 68. Le paradigme dominant du « *space opera* » s'était déjà progressivement transformé : l'intérêt portait sur le mode d'organisation des sociétés, plutôt que sur les aventures permises par la mise au point de vaisseaux spatiaux. Les œuvres de Gérard Klein fournissent de bons points de repère en la matière : s'intéressant moins aux possibilités infinies d'expansion humaine dans l'espace, comme dans *Le Gambit des étoiles* ou *La Saga d'Argyre,* l'écrivain évoque dans *Le Sceptre du hasard* une société apparemment utopique, mais en réalité bloquée et fondée sur le refus de ses citoyens d'assumer la moindre responsabilité politique. Dans cette « stochastocratie », le pouvoir exécutif est attribué au hasard, parce que les tâches importantes sont exécutées de manière routinière par des systèmes automatisés, un ordinateur central gouvernant des milliers de robots.

Le nombre de romans français de science-fiction croissant dans des proportions phénoménales à cette époque, notre lecteur ne peut plus lire tout ce qui paraît dans la vingtaine de collections qui éditent et rééditent alors de nombreux textes français en grands formats et livres de poche, souvent sous la direction d'éminents critiques, comme Jacques Goimard. Se laissant guider par les conseils des revues et les prix littéraires, il ne manque pas, dans « Ailleurs et Demain », prestigieuse collection dirigée par Gérard Klein à partir de 1969, *Le Temps incertain* de Michel Jeury, *Tunnel* d'André Ruellan, et *Cette chère humanité* de Philippe Curval. Ces romans lui fournissent l'occasion de s'interroger sur tout ce qu'il pourrait considérer comme immuable autour de lui, aussi bien les cadres de la société que la nature de la réalité elle-même. Il retrouve ce genre de thématique dans la plupart des romans de cette époque, comme *Shéol* de Jean-Pierre Fontana, ou *Le Livre/Machine* de Philip Goy. Il suit également dans plusieurs collections les parcours de Jean-Pierre Andrevon et de Pierre Pelot, en ayant le sentiment que les sociétés présentées par les romans de science-fiction sont de plus en plus oppressives, oscillant entre la bienveillance sournoise du *Meilleur des mondes* et l'horreur totalitaire de *1984*.

Conçues comme des pièges redoutables, ces sociétés futures, ou alternatives, sont à la fois l'environnement et l'adversaire de personnages qui ne cherchent plus à les réformer, comme dans *Le Sceptre du hasard*, mais simplement à leur échapper. Dans *Parabellum tango*, Pierre Pelot met en place une société dont tous les avantages cachent des pièges subtils, à l'image des Animaux de Compagnie, ces robots biologiques ressemblant à de petits animaux domestiques : les « AC » rendent de nombreux services à leurs maîtres, tout en leur apportant un confort psychologique constant, mais ils sont également chargés de surveiller tous les faits et gestes de leurs propriétaires, ainsi que de les exécuter discrètement s'ils deviennent de mauvais citoyens. De l'utopie bloquée, les romans de science-fiction sont largement passés à l'utopie négative, qui gagne dans ces années le nom de dystopie. Ces variations sur des sociétés bloquées et problématiques forment encore le paradigme dominant de la science-fiction française pendant les années 1980, avec des ouvrages comme *L'Orbe et la roue* ou *Le Jeu du monde* de Michel Jeury, *Le Travail du furet* de Jean-Pierre Andrevon, *Mémo* d'André Ruellan, *Les Olympiades truquées* et *Le Créateur chimérique* de Joëlle Wintrebert, *Le Silence de la cité* d'Élisabeth Vonarburg, ou *Les Vautours* de Joël Houssin.

Une tendance esthétisante, symbolisée par un petit recueil de nouvelles, *Malgré le monde*, signé par l'éphémère groupe Limite, en 1987, se développe également pendant cette décennie, visant à faire ressentir au lecteur les doutes et les appréhensions des personnages confrontés à une réalité qui leur échappe. Notre lecteur hypothétique, s'il comprend et apprécie parfois ces efforts, comme devant *Le Rituel du mépris* d'Antoine Volodine ou *Le Syndrome du scaphandrier* de Serge Brussolo, reste dérouté face à ces tentatives qui ressemblent souvent à des impasses cognitives, la fin du texte niant tout ou partie du déroulement de l'intrigue.

Ces textes perturbent en effet volontairement la partie de son activité de lecture qui consiste à archiver dans sa mémoire les diverses images et idées qu'il rencontre au fil de ses lectures, pour les hiérarchiser, les associer, les comparer. Ce travail, pour autant qu'il repose sur des données fictionnelles, est essentiellement positiviste : il repose sur le postulat que les objets de science-fiction sont quantifiables et dans une certaine mesure commensurables avec les données de son expérience ; ils pourraient être matérialisés dans son monde de référence sans rupture ontologique, même si ce serait au prix d'une révolution copernicienne. Confronté à des récits qui remettent ostensiblement en cause l'existence même du monde qu'il s'emploie à reconstituer au fil du texte, le lecteur perd une partie du plaisir de la science-fiction.

La science-fiction solipsiste s'efface lors des années 1990, laissant la place à de nombreuses « histoires du futur ». Notre lecteur est alors confronté à des romans qui sollicitent, dans leur principe même, cette mémoire associative qu'il exerce depuis des années, mais non plus sous la forme de la série ou du feuilleton, mais plutôt sous celle du cycle court, comme les triptyques ou diptyques de Pierre Bordage, notamment la trilogie des *Guerriers du silence*, voire sous la forme du « cycle-univers » : le lecteur retrouve dans chaque roman d'un tel cycle le même univers de référence, dont il doit garder le souvenir, mais chaque nouveau texte modifie cet univers, en y ajoutant de nouveaux objets, en expliquant ou en réinterprétant des aspects laissés dans l'ombre par d'autres textes. Un premier exemple serait l'univers de Laurent Genefort, qui comprend des objets récurrents, comme les Portes de Vangk, ces gigantesques portails en orbite dans l'espace permettant de passer d'un système solaire à l'autre. Néanmoins, ces objets récurrents ne sont pas des chevilles scénaristiques employées toujours de la même manière, mais des points de référence de cet univers, dont la fonction dans l'intrigue varie profondément d'un texte à l'autre : si, dans des romans d'aventure comme *Les Peaux-Épaisses* ou *Les Engloutis*, ces Portes de Vangk ne servent qu'à expliquer comment l'humanité a pu coloniser des planètes lointaines, dans un ouvrage comme *La Mécanique du talion* leur fonction se double d'un mystère, car elles recèlent également des informations cryptiques sur les créateurs extraterrestres qui les ont léguées à l'humanité.

Notre lecteur, qui suit avec attention les évolutions de la science-fiction française depuis ses balbutiements, est tenté de considérer ces « cycles-univers » comme les symptômes d'une conscience aiguë du genre par les écrivains qui le pratiquent. *Les Futurs Mystères de Paris* de Roland C. Wagner se présentent à première vue comme une série d'enquêtes situées dans un Paris futur. Loin de se résumer à des intrigues policières, ces enquêtes sont à chaque fois l'occasion pour le personnage principal de comprendre un peu mieux les fondations ontologiques du monde où il se trouve. S'appuyant sur des théories de physique quantique, l'écrivain postule l'existence d'une « psychosphère », alimentée par les esprits humains et où se matérialisent les archétypes et les symboles présents dans les consciences et les inconscients de l'humanité. Pour résoudre ses enquêtes, le détective privé de ces *Futurs Mystères de Paris* doit avant tout comprendre comment ces archétypes se forment et selon quelle logique ils s'imposent aux êtres humains, ce qui l'amène à préciser indirectement le fonctionnement de la science-fiction comme entreprise collective.

Ainsi, aux yeux de notre lecteur, l'évolution intuitive de la littérature de science-fiction, au gré des associations d'idées et d'images au sein de paradigmes dominants, se trouve concurrencée par une évolution raisonnée, faisant intervenir la métatextualité. En particulier, les ouvrages de Serge Lehman s'inscrivent dans un « cycle-univers » unifié non plus par l'addition linéaire d'éléments d'intrigue et de décors qui se complètent d'une œuvre à l'autre, mais par l'imbrication complexe dans une sorte de macro-récit mythologique d'images et d'idées se modifiant d'un texte à l'autre : les extraterrestres hostiles d'un récit d'aventures spatiales, *La Loi majeure*, deviennent dans un roman ultérieur, *Aucune étoile aussi lointaine*, les cellules d'un Ennemi mythique, luttant contre la vie à l'échelle des galaxies ; une organisation secrète, le Square, luttant dans notre proche avenir contre les projets de multinationales tentaculaires a pour descendant le Skand, une police intergalactique ; enfin, les récits eux-mêmes se transforment en objets de science-fiction dans *Le Livre des ombres*, dans lequel l'écrivain met en scène, par le biais de cristaux plongeant en transe des chamans des temps futurs, le processus de remémoration de textes de science-fiction.

À l'instar de ceux de Serge Lehman, les ouvrages les plus frappants des années 2000, comme *Le Goût de l'immortalité* de Catherine Dufour,

Dreamericana de Fabrice Colin, ou *Lothar Blues* de Philippe Curval, se nourrissent des modes et des courants majeurs issus de la science-fiction américaine, comme le « *cyberpunk* », qui présente des sociétés où la limite entre homme et machine est brouillée, ou le « *steampunk* », qui place ses inventions extraordinaires dans un passé réinventé. Néanmoins, la manière ostensible dont ils s'en inspirent incite le lecteur à réfléchir non plus seulement sur les concepts nouveaux apportés par ces romans, mais aussi sur son propre acte de lecture. Ces romans témoignent, plus que d'une mémoire du genre, d'une compréhension fine de l'intertextualité de la science-fiction, qui fait de chaque ouvrage un fragment d'un ensemble en expansion constante, un gigantesque texte fait d'images fascinantes et d'idées paradoxales, qui s'associent sans contradiction dans la mémoire du lecteur.

Au terme de son parcours, que conserve notre lecteur de ces soixante années de fréquentation assidue de la science-fiction française ? Il a bien sûr pu profiter des frissons procurés par des récits d'aventure peuplés de créatures exceptionnelles, dont il se remémore avec plaisir les péripéties. Fort de son apprentissage du double niveau de lecture de la science-fiction, il en a aussi retiré les mêmes bénéfices qu'un lecteur exclusif de science-fiction américaine, en particulier une faculté à deviner sous l'apparence immuable du présent les changements à venir, ainsi qu'une plus grande facilité à s'adapter à ces changements. Enfin, confronté à une littérature française qui se sait seconde par rapport à son modèle américain, mais dont les auteurs maîtrisent l'art à la perfection, le lecteur de science-fiction française est mieux à même de percevoir les mécanismes de l'intertextualité de ce genre littéraire : les objets de la science-fiction, robots et extraterrestres, expérimentations biologiques et informatiques, empires galactiques et utopies négatives, ne reviennent jamais à l'identique, même si chaque auteur puise à un fonds partagé, qui s'enrichit de chaque œuvre singulière et constitue un arrière-plan collectif, en expansion constante.

Simon Bréan

Le récit fantastique français depuis 1945 : aux environs de l'absence ?

Pour parler du fantastique français à partir de 1945, on ne peut faire l'économie en ouverture de deux paradoxes. Le premier réside tout simplement dans le fait que la liaison la plus apparente entre le fantastique et la France se fait, depuis 1945, au niveau de la théorie, qui curieusement ne prend presque par en considération la production nationale. Le second vient du décalage, au niveau de l'impact commercial et critique, entre le fantastique français et le fantastique belge, qui fonctionne avec un système de reconnaissance et des regroupements, ce qui semble inexistant pour la production française.

Pour autant, ceci ne veut aucunement dire qu'il n'y a pas de fantastique français depuis 1945, et un premier balisage permet de repérer assez rapidement nombre d'auteurs qui ont proposé des récits à effets de fantastique, que cela soit Marcel Béalu (*L'Expérience de l'ombre*, 1945, *L'Araignée d'eau*, 1948, *L'Aventure impersonnelle*, 1954, *Contes du demi-sommeil*, 1960, *La Poudre des songes*, 1977), André de Richaud (*La Nuit aveuglante*, 1945), André Pieyre de Mandiargues (*Le Musée noir*, 1946, *Soleil des loups*, 1951, *Feu de braise*, 1959, *Tout disparaîtra*, 1985), Marcel Brion (*Pré du grand songe*, 1946, *La Ville de sable*, 1956, *Le Prince de la terre*, 1980), Raoul de Warren (*L'Énigme du mort vivant*, 1950, *La Bête de l'Apocalypse*, 1956, *La Clairière des eaux mortes*, 1980), Jean-Louis Bouquet (*Le Visage de feu*, 1951, *Aux portes des ténèbres*, 1955), Marcel Schneider (*Le Guerrier de pierre*, 1969, *Déjà la neige*, 1974), Pierre Gripari (*L'Arrière-monde*, 1972),

Georges-Olivier Chateaureynaud (*Les Messagers*, 1974, *Le Goût de l'ombre*, 1997, *Singe savant tabassé par deux clowns*, 2005, *L'Autre rive*, 2007), Sylvie Germain (*Le Livre des nuits*, 1984, *Nuit d'ambre*, 1987, *La Pleurante des rues de Prague*, 1992), Alain Delbe (*Les Îles jumelles*, 1994, *Le Complexe de Médée*, 2004, *Golems*, 2004), Jean-Baptiste Evette (*Jordan Fantosme*, 1999, *Rue de la femme sans tête*, 2000) ou Mélanie Fazi (*Arlis des forains*, 2004, *La Serpentine*, 2004).

On le voit, l'éclectisme est de mise, et cette liste sommaire – qui nous servira ici d'abscisse – n'est par conséquent pas sans poser problème à son tour : s'il n'y a pas de véritable dénominateur commun ni d'auteur ou d'œuvre référence, devons-nous nous résoudre à un panorama qui passerait allégrement d'un écrivain à l'autre, pour montrer que chaque aventure est singulière ?

La voie proposée par Jean-Luc Steinmetz semble la plus féconde. Ce serait d'aborder les récits fantastiques français en regard des grands courants littéraires depuis 1945. La solution est séduisante, puisqu'elle ré-actualiserait le cheminement des récits à effets de fantastique du XIXe siècle, qui s'accordent à répercuter et moduler l'esthétique et les préoccupations romantiques, naturalistes ou symbolistes. Avec une telle prise en charge, en quelque sorte par la bande, nombre d'auteurs seraient abordés. À cet effet, il serait parfaitement possible de voir que certains récits à effets de fantastique sont dans une situation de contiguïté avec les préoccupations de la seconde génération surréaliste, à l'image des recueils de nouvelles d'André Pieyre de Mandiargues, des récits brefs de Pierre Bettencourt dans *La Folie gagne* (1950) ou la production de Marcel Béalu, avec ces auteurs qui accordent une grande importance au sentiment de rencontre avec l'ailleurs, qu'il s'agisse d'effets situés au niveau de la conscience ou de décalages de perspective dans l'environnement quotidien. On pourrait aussi voir à quel point certains écrivains affiliés au nouveau roman proposent des récits qui recoupent la technique du fantastique moderne, à l'image de *Dans le labyrinthe* (1959), *L'Année dernière à Marienbad* (1961 pour le scénario – dont l'idée provient de *L'Invention de Morel* de Bioy Casares – et les dialogues du film réalisé par Alain Resnais), *La Maison de rendez-vous* (1965) et *Topologie d'une cité fantôme* (1973) d'Alain Robbe-Grillet ou de *L'Emploi du temps* (1956) de Michel Butor. Et l'on pourrait arriver à la nouvelle fiction qui, autour de la « suspension de l'incrédulité » chère à Coleridge, s'amuse souvent à subvertir les codes du fantastique classique, que cela soit dans *Le Secret de l'immortalité* (1991) et *La Condition magique* (1998) de Hubert Haddad, Georges-Olivier Châteaureynaud, *Le Nain géant* (1993) et *La Fenêtre aux ombres* (1994) de Marc Petit ou *Forêts secrètes* (2004) de Francis Berthelot.

En ce qui concerne les rapports entre le nouveau roman et le fantastique, on peut rappeler que le nouveau roman accordait une grande importance aux formes littéraires qui apparaissaient fortement codifiées, et qui par là montraient leur squelette narratif. Il en est ainsi du roman policier, qui hante véritablement nombre de nouveaux romanciers. Et il en va de même pour le fantastique, qui intéresse Robbe-Grillet par sa capacité d'appesantir le regard sur les choses, et non de les rendre autres, mais d'en faire ressortir l'irréductibilité. À partir de cette propension pour le détail *révélateur*, pour les nouveaux romanciers, le terme fantastique s'applique essentiellement à la technique mise au point par Kafka. Chez Robbe-Grillet et Butor, on retrouve alors cet énigmatique exacerbé par un regard prolongé et subjectif sur les objets du quotidien, avec à la clé un aspect labyrinthique par les ruptures chronologiques, les « coupures » mentales et les séquences narratives sérielles. Ceci peut aboutir à des récits de vertige, où le malaise vient de l'indécision, de l'impossibilité finalement d'embrasser un monde sous-représenté parce que certains côtés sont excessivement donnés à voir. Il ne s'agit toutefois pas de dresser un parallélisme trop important entre le nouveau roman et le fantastique, puisque le premier peut parfaitement exister sans le second, et le nouveau roman s'attachera à garder ses distances avec le fantastique.

Dans le cadre de la nouvelle fiction, on ne peut plus parler de distance, puisque, dès le départ, elle n'a cessé pour une part d'être associée au fantastique, et ce par le prisme de quatre des auteurs de ce mouvement, Hubert Haddad, Marc Petit, Francis Berthelot et Georges-Olivier Chateaureynaud. Au risque de schématiser, on se contentera de rappeler que pour Jean-Luc Moreau la nouvelle fiction « rend en tout sensible l'invisible et ne signe du sceau de l'aventure que ce qui est le double, le reflet, l'envers d'une aventure intérieure » (*La Nouvelle Fiction*, Critérion, 1992, p. 11). Sous le signe de Stevenson, en s'écartant de la « somnolence psycho-réaliste », il s'agirait dès lors de mêler le mythe et le fantastique, l'histoire réinventée, la fable et la saga onirique.

De plus, Francis Berthelot, autour du terme de « transfictions », avait évoqué un problème essentiel : le clivage entre la littérature générale (la littérature légitimée) et les littératures de l'imaginaire. Or, cette dichotomie permet de mieux comprendre l'absence d'unité, si l'on repart des années 1960, autour de trois pôles, avec d'une part une production de grande consommation liée à la collection « Angoisse » du Fleuve Noir, d'autre part une production qui entend jouer sur deux tableaux (la reconnaissance littéraire et une réussite commerciale, et qui publie à l'occasion Mandiargues, André de Richaud et Marcel Béalu) représentée par Marabout, et enfin une production restreinte représentée par des filiations à certains courants d'avant-garde ainsi que par des auteurs tels Noël Devaulx ou le fantastique poétique dans la lignée du romantisme allemand revendiqué par l'académicien Marcel Brion. La revue *Fiction* n'arrive pas à opérer de véritable synthèse, en dépit de la tentative d'imposer à partir de 1962 le terme d'« Insolite », dont la « qualité » serait « de marquer une distinction précise avec le fantastique qu'on appellera traditionnel ». Donnant en exemple, pour le domaine français, les noms de Mandiargues, Topor et Béalu, la revue précise qu'il s'agit dans ces récits de « substituer aux ressorts essentiels du fantastique classique (qui sont en principe de type surnaturel) des effets plus suggestifs, souvent sous-entendus, qui peuvent être axés sur le symbolisme, ou l'absurde, ou l'onirisme, ou la psychologie, mais qui de toute façon correspondent à une “intériorisation” très nette de la démarche de l'esprit vers le fantastique » (*Fiction*, n° 108, novembre 1962, p. 118). La synthèse semble impossible puisque, trois ans plus tard, ce qui était présenté sous le terme d'« insolite » dans *Fiction* retrouve le terme « fantastique » par l'entremise des *Histoires fantastiques d'aujourd'hui* proposées par Marcel Schneider. L'anthologie, qui propose des récits des auteurs légitimés de l'époque (Noël Devaulx, Alain Robbe-Grillet, Jules Supervielle, Lise Deharme, Marcel Brion, André Dhotel, Mandiargues, Henri Michaux, Marcel Béalu ou Julien Green), prétendait que ce fantastique « n'évoque pas seulement le surnaturel, la terreur, les états morbides, les fantômes et les démons, il a partie liée avec ce qui nous dépasse, avec ce qui nous blesse délicieusement ou bien nous pétrifie. Il exprime l'autre versant du monde, l'envers des choses, le côté ténébreux du soleil. Comme la poésie, dont il ne se sépare pas, il est à la fois action magique, révélation et moyen de salut ».

Tout est donc brouillage et oblitération, car en passant ici par une mise en lumière de certains récits à effets de fantastique par le prisme de courants littéraires majeurs, d'auteurs légitimés ou par le terme d'« insolite », on place dans l'ombre des écrivains qui ne s'inscrivent pas dans ces mouvances, et qui à l'occasion proposent un fantastique « extérieur » plus « classique », basé sur des effets en relation étroite avec l'horreur d'une trop grande présence, à l'image de Claude Seignolle, Raoul de Warren, Christine Renard (qui renouvelle le personnage d'Élisabeth Bathory dans *La Mante au fil des jours*, 1977), Jean-Pierre Andrevon (*Le Reflux de la nuit* [publié en 1972 sous le pseudonyme d'Alphonse Brutsche dans la collection « Angoisse »], *Cauchemar... cauchemars !*, 1982) ou Daniel Walter (*Cœur moite et autres maladies modernes*, 1984, *Les Mandibules et les dents*, 1999).

Ceci permet de mieux revenir à la nouvelle fiction, et ce par le prisme de deux écrivains, le premier, Châteaureynaud, étant un des représentants du mouvement, le second, Marcel Schneider, y étant intégré à son corps défendant.

Désormais, autour de la production – essentiellement les nouvelles – de Châteaureynaud, que cela soit la critique ou l'auteur lui-même, on parle aisément d'un « fantastique à la française ». Pour mieux comprendre ce qui est sous-tendu par cette formule, on peut prendre en considération le numéro 60 de la revue *Brèves* consacré en 2000 à Marcel Schneider. Ce dossier, intitulé « Du fantastique comme moyen d'exploration des ténèbres de chacun », dirigé par Hubert Haddad, présentait des articles des principaux tenants de la nouvelle fiction, que cela soit Jean-Luc Moreau, Henri Zerdoun ou Georges-Olivier Châteaureynaud, ainsi que la reprise d'un article de Marcel Brion. Un peu plus tôt, Châteaureynaud avait préfacé l'anthologie *Divinités du Styx* (1998), qui regroupait les « contes fantastiques » de Marcel Schneider publiés au cours des trente dernières années. Et c'est curieusement ce Styx qui borde la petite bourgade d'Écorcheville (déjà présente dans la nouvelle éponyme, dans *Singe savant tabassé par deux clowns*, 2005) dans *L'Autre rive* (2007) de Châteaureynaud, avec la création d'un autre monde. De telle sorte qu'on assiste à la création d'un véritable réseau, basé sur des filiations, un système de renvoi et des parallélismes. Ainsi, lorsque la nouvelle fiction s'oppose au « nombrilisme » du roman contemporain et à la « somnolence psycho-réaliste », Marcel Schneider opposait le fantastique qu'il appelait le « roman poétique » – avec les « amateurs de romans poétiques » que l'on trouve « surtout parmi ceux pour qui vivre, c'est rêver » (« La Branche de Merlin », *Cahiers des saisons*, n° 27, 1961) – au roman à thèse. De même, tout comme Marcel Schneider, Châteaureynaud, Haddad ou Marc Petit sont aussi critiques, mais essentiellement de manière autoréférentielle, percevant chez les autres ce qui est en rapport avec leur création. À ce titre, lorsque Schneider avance que « prêter figure et voix à ce qui est par nature ineffable, saisir ce qui élude la prise, voilà à quoi sert le fantastique » (*La Littérature fantastique en France*, Fayard, 1964, p. 373), on se rapproche fortement de sa conception de l'écriture, et par réverbération de celle de Châteaureynaud.

On peut de ce fait regarder la similarité des approches, afin de mieux comprendre une éventuelle spécificité française. Ainsi, ce qui caractérise la manière de Marcel Schneider, c'est l'alliance entre la langueur et l'accéléré. Ses récits s'enroulent en effet autour d'un pressentiment, avec quelque chose *qui ne peut qu'arriver*, et qui mettra fin à ce qui est présenté. En même temps, ce qui est présenté, c'est le personnage en proie à ce pressentiment et, avec cette emprise téléologique, sa vie est donnée en accéléré : la trame n'existe que par raccourcis et on repart généralement de l'enfance du personnage – par prise directe ou par souvenir – pour aboutir à ce qui au final représente la mort. La langueur provient d'une manière de vivre ce qui est latent en le médiatisant par un « comme si », expression qui ne cesse de revenir dans les récits de Marcel Schneider, avec à la clé une langueur faussement lénifiante, tant pour le personnage que pour le lecteur : les différents moments de vie proposés, où le personnage agit comme si tout était normal, forment une concrétion donnant forme à ce qui est latent. Ainsi, tout doit se lire selon le ressurgir d'un déjà-là. Les raccourcis du récit se condensent généralement dans un raccourci en quelque sorte déclencheur, un raccourci cette fois-ci fondé sur le spatial et le temporel, quand il n'englobe pas les deux : c'est par exemple Gwendoline dans « Un songe qui s'effrite » (dans *La Lumière du Nord*, 1982) qui ressent, au même instant que lui, la mort de son mari à des milliers de kilomètres de là ; c'est Selma qui dans « La Volerie des aigles » (dans *La Lumière du Nord*) revit littéralement la mort de son père survenue à des milliers de kilomètres de là dix ans auparavant. À chaque fois, ce ressenti était auparavant pressenti et le reste du récit culminera sur une autre mort, celle du personnage.

Cette manière singulière d'écrire un récit autour d'un déjà-là *qui n'a de sens que pour le personnage principal* se retrouve dans de nombreux textes de Châteaureynaud, et l'on peut mieux comprendre que la filiation s'opère autour de l'affirmation de Schneider : « Le fantastique, c'est l'homme ». Ce fantastique, c'est effectivement l'homme, c'est sa manière vaine de nier ce qui est inéluctable et de questionner, de manière paradoxale par l'absence de questions, ce passage obligatoire vers un autre état, que l'on peut sommairement subsumer sous le terme de mort – « ce qui est par nature ineffable ». De telle sorte que si, sur le plan thématique, tant chez Schneider que Châteaureynaud, on retrouve nombre de sujets qui semblent relativement classiques, l'économie narrative provient de cette construction singulière, de cette *violence feutrée*. On pourrait ainsi prendre pour exemple « La rue douce » (dans *Singe savant tabassé par deux clowns*, 2005) de Châteaureynaud. Avec cette rue qui n'existe pas – un espace surnuméraire –, le lecteur tant soit peu habitué au fantastique pense de suite à « La ruelle ténébreuse » (1931) de Jean Ray. L'originalité éventuelle du récit de Châteaureynaud ne provient donc pas du fait « fantastique » lui-même. Par contre, le traitement diffère radicalement : contrairement à l'auteur belge, chez Châteaureynaud, la rue « qui n'existe pas » n'est vue que par le chauffeur de taxi, qui *sent* que cette rue était déjà là, pour lui seul, avec un sens qui ne regarde que lui. On ne trouve ainsi aucune visée paroxystique et ce ne sont pas les éventuels habitants de cette rue qui créent le vertige, mais bien ce qu'elle représente pour l'homme qui la voit, et qui redessine donc différemment la vie médiatisée, là encore, par un « comme si » : les trajets en taxi d'un point à un autre étaient vécus comme si la topographie était immuable. À ce titre, on peut placer ce type de production sous le terme de passage : que cela soit le passage dans une rue qui n'existe pas ou le ressenti du passage de la vie à la mort de quelqu'un d'autre, tout est affaire de psychomachie, et les passages fictionnels des récits renvoient aux passages de la réalité au fantasme onirique, à un espace mental, où au passage vers un autre état qu'est la mort. On ne décrit pas de la sorte ce qui ne peut pas l'être, ce qui ne peut pas être conceptualisé, mais on arrive à son bord même, au bord *de ce qui sera l'absence*. *L'Autre Rive* (2007) de Châteaureynaud met en quelque sorte à vif ce cheminement, avec Écorcheville qui se situe au bord du Styx. Au bord de la mort par conséquent. Mais les habitants vivent *comme si* cette proximité n'avait aucune influence sur leur vie. Saturant son roman de références mythologiques et s'amusant de l'outrance de certains comportements, Châteaureynaud construit ainsi un récit *par l'envers* : au sein de ce monde, en même temps si différent du nôtre mais avec les mêmes motivations psychologiques, Benoît Brisé *sent* qu'il y a quelque chose, et avec sa quête le récit procède là encore par concrétion, montrant que ce pressentiment le rend *vivant*.

Avec un tel traitement, qui va de Marcel Schneider à Châteaureynaud en passant par Marcel Brion (le roman *De l'autre côté de la forêt* [1966] joue exemplairement de ce déjà-là, puisque l'ouverture annonce qu'Adalbert von A. a disparu un jour de l'année 1865, et le récit qui va suivre rapporte ce qui s'est passé avant : avec ce récit à rebours, le déjà-là reste ostensiblement en ligne de mire !), on trouve en quelque sorte une ligne médiane du fantastique français, qui éprouve assurément quelque difficulté à se situer sur l'échiquier littéraire, et l'affirmation de Châteaureynaud peut s'étendre à Brion et Schneider : « J'appartiens au fantastique à un mauvais moment et dans un mauvais lieu. Le fantastique, au vingtième siècle, est surtout connu à travers les Sud-Américains et les Anglo-Saxons » (*Le Matricule des anges*, n° 22, janvier-mars 1998).

Cela laisse sous-entendre, de nouveau, qu'il n'y a pas de réelle unité du fantastique français depuis 1945, qui proposerait donc différentes lignes, avec différents clivages. Ainsi, pour Châteaureynaud et nombre de ses commentateurs, le fantastique anglo-saxon ici invoqué fait clairement référence à l'épouvante contemporaine. Or, on en retrouve des représentants en France, comme par exemple Katherine

Quenot, avec dans les romans *Blanc comme la nuit* (1992) et *Rien que des sorcières* (1993), des intrigues qui gravitent autour de malédictions ancestrales, le surnaturel étant causalisé. Quenot module le moule anglo-saxon en optant pour des cadres français, avec un village corse dans le premier roman cité et une bourgade picarde pour le second (en outre, Katherine Quenot propose nombre de romans pour la jeunesse, qui reprennent les figures classiques du fantastique, qu'il s'agisse des fantômes, momies et autres vampires). Il en va de même pour le fantastique sud-américain, et l'on pourrait repartir du très borgesien recueil *Le Temps mort* (1974) de René Belleto jusqu'au *Voyage au pays des bords du gouffre* (1986) d'Alain Nadaud pour arriver aux *Images d'outre-mondes* (1998) et aux *Méandres de la folie* (2004) d'Olivier Bidchiren.

Pourtant, un changement s'opère peut-être avec Châteaureynaud : sa capacité de réconcilier différents lectorats et d'outrepasser le clivage habituel entre la littérature générale et les littératures de l'imaginaire. S'il a en effet obtenu le prix Renaudot en 1982 pour *La Faculté des songes*, il a aussi reçu trois Grand Prix de l'imaginaire (Prix spécial en 1988 pour « Le Combat d'Odiri », Prix de la nouvelle en 1996 pour « Quiconque », et Prix du roman en 2009 pour *L'Autre Rive*), le dernier étant notamment remis, de manière symbolique, par Francis Berthelot.

Cela laisse donc en suspens la question essentielle : comment peut-on regrouper ces récits disparates publiés depuis 1945 ? Peut-on trouver un trait distinctif qui permettrait de prendre en charge non seulement les mouvements et auteurs précités, mais qui intégrerait aussi les auteurs qui (en) étaient exclus ?

Il nous semble que le dénominateur commun reste l'absence. Ou plutôt, nombre de ces récits sont aux « environs de l'absence », pour reprendre le titre d'une nouvelle de Noël Devaulx (dans *L'Auberge Parpillon*, 1945).

Cette absence peut être perçue à différents niveaux. Que l'on prenne par exemple Claude Seignolle, et de suite, c'est le monde contemporain qui semble absent de ses récits. C'est aussi ce qui caractérise *La Clairière des eaux mortes* (1980) de Raoul de Warren avec ce village de montagne à l'écart du monde, où la pratique de la sorcellerie renvoie à un autre temps, ouvrant éventuellement sur un autre monde, puisque dans ce village se cacherait peut-être la porte des enfers. Cette impression « d'autrefois » se retrouve de même dans le Vieux Paris des *Portes des ténèbres* (1955) de Jean-Louis Bouquet, dans les Ardennes françaises de Jean Rogissart, dont *La Cense aux rougnes* (1948) met en scène la salamandre, ou chez Jean Blanzat, dont le cadre campagnard apparaît là aussi en voie d'extinction. On retiendra surtout de cet auteur *Le Faussaire* (1964) qui, avec le diable qui permet à des morts de revenir dans leur univers de vivants l'espace d'une journée – ces « retours » étant source d'échecs –, nous semble résumer cette impossibilité de *vivre* la société contemporaine.

À partir de là, on ne peut alors que remarquer une apparence troublante des récits fantastiques français depuis 1945 : ils dégagent une certaine impression d'inactualité. En cette perspective, on peut même constater la fréquence de récits qui présentent une fuite vers un ailleurs, ce dernier pouvant être situé sur un autre plan mental, dans un autre temps ou dans un autre espace. Il en est de la sorte du peintre nommé Steve Masson dans *Le Seuil du jardin* (1958) et *Le Parc des archers* (1961) d'André Hardellet : en échec social, il réussit à accéder à un « merveilleux jardin » que lui seul peut atteindre – et créer. Ce « merveilleux jardin » qui permet de quitter le réel n'est pas sans porter écho au « tramonde » du *Granit et l'absence* (1947) de Marcel Schneider, cet autre espace permettant de voir différemment la mort, ou à la conception singulière du monde parallèle – on ne peut comprendre le monde réel que par un reflet qui a ses propres lois – de Pierre Gripari dans les nouvelles de *L'Arrière-Monde* (1972). C'est identiquement une fuite de ce monde pour retrouver son identité dans des mondes étranges qui est le moteur du « Secret de l'immortalité » (dans *Le Secret de l'immortalité*, 1991) d'Hubert Haddad. Bref, on change de plan, alors qu'ailleurs on change de statut pour ne plus être de ce monde. Chez Marcel Schneider encore, le personnage poursuivi, l'on ne sait pourquoi, par la police dans « De la race au déluge » (dans *Aux couleurs de la nuit*, 1955) pense s'échapper en se faisant statue, et il finira par changer d'état, son corps se brisant comme du marbre. Fuite du monde lorsque l'on ne réussit pas à le maîtriser, c'est aussi cet artiste qui se transforme lui-même en statue de marbre dans « Faux marbre » (dans *Le Geste d'Ève*, 1964) d'Henri Troyat, ou le personnage central de *L'Histoire de la chauve-souris* (1975) de Pierrette Fleutiaux, qui adopte le comportement de la chauve-souris qui a élu domicile dans sa chevelure. Fuite du monde lorsque l'on ne réussit pas à s'y intégrer, c'est le Cyprien de *La Nuit aveuglante* (1945) d'André de Richaud, qui ne peut vivre dans la société contemporaine avec le masque qu'il doit désormais porter. Fuite du monde lorsque l'on n'en voit plus que l'aspect coercitif, sans en comprendre et en analyser la cause, c'est la fuite panique d'une famille *face à un bruit* dans *Les Bâtisseurs d'empire* (1959) de Boris Vian, la pièce présentant une montée paroxystique dans un immeuble, la famille occupant des appartements de plus en plus petits, les personnages ne cessant pas, pour autant, de brutaliser la créature qui les accompagne, et qui porte l'étrange nom de Schmürz. Fuite du monde enfin quand le corps et les objets n'ont d'autre fonction que d'appeler un ailleurs : c'est le cas dans *La Porte à côté* (1949) de Lise Deharme, où chaque objet et chaque personne rencontrée répondent aux lectures occultistes du personnage principal, et chaque objet et chaque personne rencontrée seraient donc autre chose, cet appel continu du surnaturel provoquant évidemment des *visions de fuite du présent*.

Le principe de fuite peut aussi exprimer le désir d'un retour impossible. Moins littérature de revenants que littérature du désir d'y revenir, certains récits lient de la sorte l'espace du rêve et de l'enfance, à l'image des *Enfants sans âge* (1946) de Jean Cassou, « Environs de l'absence » de Noël Devaulx, *Les Chemins du long voyage* (1949) et *Le Pays où l'on n'arrive jamais* (1955) d'André Dhotel ou *Les Messagers* (1974), « La Chambre sur l'abîme » et « Les Ormeaux » (dans *Les Ormeaux*, 1996) de Châteaureynaud. Cet enchevêtrement de l'espace du rêve et de l'enfance permet de la sorte d'instaurer une dynamique de *fuite en arrière*, partant du postulat que cette imbrication seule permet de concevoir qu'« il y a dans le même pays plusieurs mondes véritablement » (*Le Pays où l'on n'arrive jamais*), et même « La vie familiale et sociale » peut former « la matière d'une sorte de ballet aux transformations proches de celles du rêve » (« Environs de l'absence »).

Cette angoisse d'un paradis perdu, d'une société qui oblitère toute capacité de concevoir des mondes autres se retrouve dans la fuite des créateurs qui trouvent refuge dans les riches vestiges d'une culture défunte dans « La Ville aux mille musées » (dans *Le Héros blessé au bras*, 1987) de Châteaureynaud.

Dès lors, on n'est guère étonné de constater que nombre de récits gravitent autour de l'absence du cours normal du temps. Cela peut être le temps figé du *Dans le labyrinthe* (1959) de Robbe-Grillet ou le temps qui paraît suspendu avec le « fantôme historique » dans *Le Rivage des Syrtes* (1951) de Julien Gracq. De la stase, on peut alors passer aux croisements entre passé et présent, avec ces héroïnes qui viennent du passé dans *L'Envers du masque* (1957) et *Le Masque des regrets* (1960) de Kurt Steiner, le passé (l'Égypte ancienne) et le présent (le quartier du Marais) qui se mêlent autour d'étranges rituels dans *Momie* (1998) de Katherine Quenot, ou le retour de démons ancestraux dans *Visage de feu* (1951) et *Aux portes des ténèbres* (1955) de Jean-Louis Bouquet. Pour Marcel Brion, dans *Pré du grand songe* (1946), ce sont les vieilles demeures qui laissent entendre des histoires du passé, alors que dans *La Ville de sable* (1956) un archéologue voit une ville du passé qui revient inexplicablement à la vie. Pour en rester à ce personnage symbolique de l'archéologue, on peut aussi mentionner l'archéologue, dans la nouvelle du même nom (dans *Soleil des loups*, 1951), de Mandiargues, qui est en proie à d'étranges visions, tout comme cet autre archéologue dans « Le Centaure et la Vierge » (dans *Frontières*, 1965) de Noël Devaulx qui finit par assister aux souffrances réelles d'une femme peinte sur une fresque. Cette manière d'esquiver le présent peut aussi se concevoir dans l'avenir chez Mandiargues, qui propose dans « L'étudiante » (dans *Soleil des loups*, 1951) une chambre ayant la particularité de présenter des scènes situées dans l'avenir, alors que dans *Le Pays sans étoiles* (1945) de Pierre Véry, passé et avenir remettent en cause le présent : Simon Le Gouge y est en même temps l'enquêteur et en quelque sorte le coupable, puisqu'il a déjà commis le crime présent dans le passé, et il le perpétuera vraisemblablement de nouveau dans l'avenir. Son explication ? La présence d'un « autre monde », parallèle au nôtre, avec la présence de « trous » qui permettent de s'y rendre.

Cette inactualité du fantastique français se retrouve aussi dans de nombreux récits qui proposent des effets de fantastique dans un cadre historiquement daté, que cela soit le XIIe siècle chez Châteaureynaud dans *Le Château de verre* (1994), le Moyen Âge chez Marcel Schneider dans *Le Guerrier de pierre* (1969), la vie de l'astrologue italien Jerôme Cardan dans *Le Seigneur de l'heure* (1955) d'Alexandre Arnoux, ou Baden-Baden en 1865 dans *De l'autre côté de la forêt* (1966) de Marcel Brion. Bien plus, les passerelles entre les différentes époques sont largement exploitées, que cela soit dans *Les Miracles du temps* (2008) d'Olivier Bidchiren, où l'on rencontre Corto Maltese et Adolf Hitler, où *Le Démon à la crécelle* (2002) de Châteaureynaud qui part du fœtus mourant d'un ange recueilli au XVIe siècle pour ensuite parcourir les siècles, le fantastique et les personnages fictifs ne rentrant pas en contradiction avec la réalité historique.

Avec les particularités des deux derniers récits cités, on peut même repérer une constante récemment mise en valeur, et qui culmine en quelque sorte avec la nouvelle fiction. On assiste en effet depuis les années 1970 à un recyclage ludique des « personnages » et des thèmes majeurs du fantastique. Auparavant, on se contentait de proposer des suites, avec par conséquent une lecture au premier degré, à l'image des six romans autour de la figure de Frankenstein publiés de 1957 à 1959 dans la collection « Angoisse » par Benoit Becker (pseudonyme collectif comprenant, entre autres, Jean-Claude Carrière et José-André Lacour). Toutefois, pour en rester au personnage de Frankenstein, avec *Bravoure* (1984) d'Emmanuel Carrère, on change clairement de registre, puisque désormais les récits gravitent autour d'un axe moteur qui est de jouer avec les frontières. Frontières entre les cultures savantes et populaires, frontières de la fiction entre le créateur et le créé, Carrère revient à la genèse même du roman de Mary Shelley, qui elle-même devient sujet de roman, avec des décrochages temporels où l'on retrouve une Mary Shelley « moderne » qui peut tout autant répondre aux attentes des « *telenovelas* » que de la fiction postmoderne. Ce ressassement carnavalesque bénéficie désormais d'une dynamique certaine, avec à chaque fois des glissements temporels et un jeu avec les frontières de la fiction. Qu'on pense à Mary Shelley qui rencontre James Whale dans *Le Somnambule de Genève* (1997) de François Rivière, des rencontres entre Sherlock Holmes et le docteur Jekyll et M. Hyde dans *Le Crime étrange de M. Hyde* (1998), *Les Hommes de cire* (2002) et *Les Variations Enigma* (2006) de Jean-Pierre Naugrette, de Dracula dans le satirique *Paris-Vampire* (1974) de Claude Klotz ou *Un amour de Dracula, ou le paradoxe du vampire* (1986) d'Armand Carrachi – quand ce n'est pas le passage en revue tout aussi satirique de l'ensemble de la famille vampirique dans *Pedigree du vampire* (1977) de Pierre Gripari ou la rencontre avec Bram Stoker lui-même dans *Les Gentlemen de l'étrange* (2007) d'Estelle Valls de Gomis –, du mythe du golem dans « La Messe de sang » (dans *L'Opale entydre*, 1971) de Nathalie Henneberg, *Golems* (2004) d'Alain Delbe et *Le Nain géant* (1993) de Marc Petit. Mais, on le remarque de suite, et la liste pourrait s'allonger, ces éléments sont étrangers ! On peut d'ailleurs noter, autour du récent mouvement du « *steampunk* » (d'origine anglo-saxonne, le *steampunk* a rapidement trouvé des représentants français, avec entre autres René Réouven, Thomas Day, Fabrice Colin ou Pierre Pevel), une prédilection des auteurs français contemporains pour le Londres fin-de-siècle, et la charge « imaginaire » qu'il charrie (que l'on pense à *Délius, une chanson d'été* [1997] de David Calvo, ou *Jordan Fantosme* [1999] de Jean-Baptiste Evette).

Par ce jeu avec les frontières de la fiction et ce double ailleurs – géographique et temporel – l'inactualité du fantastique français s'étend donc à un effacement du cadre national.

Ceci serait pourtant une image partielle du fantastique français si l'on occultait un intéressant contrepoint : le retour, relativement récent, du spectre de la guerre dans des récits à effets de fantastique. Pour condenser le faisceau, on se restreindra en un premier temps à des récits qui mettent en scène Prague.

Ainsi, dans *Une ville grise* (1978), Pierre Bourgeade présentait l'arrivée en 1938 à Prague d'Hitler, l'Ange exterminateur, avec « des ailes minuscules qui remuaient doucement », l'Histoire étant doublée par la tentative d'un professeur de créer un automate à l'image d'une de ses élèves. Autour de cette tension entre l'original et la copie, ainsi que la capacité de s'approprier et changer le réel par le langage (et la littéralisation des images), on arrive au roman suivant de Bourgeade, *Le Camp* (1979), où un innocent, qui entend prouver l'existence d'un camp de concentration que tout le monde nie, finit par en construire un lui-même.

L'horreur de la réalité peut donc être doublée *dans l'avenir*, avec la création *littérale* d'un espace surnuméraire. L'horreur de la réalité peut aussi être doublée par le mythe si l'on prend en considération la double lecture – réaliste et mythique – de *La Pleurante des rues de Prague* (1992) de Sylvie Germain, alors que dans le roman *Golems* d'Alain Delbe, à travers le personnage principal en quête de son passé, deux époques se chevauchent, avec Prague actuelle ouvrant sur un second plan avec la montée du national-socialisme : tout se condense autour de cette tentative de faire revivre la créature du Golem, qui existait avant *et* après cette tentative, et qui double donc les deux périodes !

La dissolution de l'horreur par le fait même de la re-créer par la *fabula*, telle est la perspective adoptée par Marc Petit dans « Schéhérazade », dont le noyau narratif reste dans Prague, avec le cimetière juif de la ville transformé en lieu de concentration pendant la seconde guerre mondiale. Mais il suffit d'en faire une histoire et de la teinter d'ironie pour que l'horreur se dégonfle d'elle-même, dans ses outrances d'une part, les personnages historiques se désincarnant comme des marionnettes, dans le fait même de raconter, puisque la sphère de la langue devient elle-même privée, et privative, réécrivant un monde qui détruit l'ancien en le reformulant.

Finalement, cet ancrage historique retrouve et le principe de fuite et la médiatisation du monde par un « comme si » précédemment entrevus, si l'on regarde d'un peu plus près « Le verger » (dans *Le Héros blessé au bras*, 1999) de Châteaureynaud, où un enfant déporté dans un camp de concentration se crée un monde à lui où se réfugier. Avec cet autre monde où il peut s'enfuir, il vit donc *comme si* l'horreur de la réalité n'existait pas…

On le voit, avec cette inversion du système habituel, l'horreur de la réalité est ainsi doublée, pour devenir autre, et l'on comprend mieux l'effacement de cette réalité dans les autres récits. Si pour ces écrivains français la seconde guerre mondiale reste le point d'orgue de l'horreur, autant repartir aux racines de l'homme. Sous cet angle, ne pourrait-on pas lire les récits à effets de fantastique de Claude Seignolle à la lumière de ce récit « réaliste » sur la seconde guerre mondiale qu'est *La Gueule* (1959) ? Y abonde en effet, avec notamment « les loups verts », une imagerie qui s'inscrit dans le sillage de la tradition « fantastique ». Mais ce sont bel et bien des comparaisons, alors que, comme le dit justement Alain Charreyre-Méjean, le fantastique, c'est quand on ne peut plus dire comme. Quand on ne peut plus dire comme, c'est-à-dire quand le texte crée sa propre réalité, en théorie impensable, et qui provient de quelque chose d'inconceptualisable…

On peut de la sorte mieux comprendre cette impression de fuite, et ces délits d'absence, qui semblent stigmatiser les récits à effets de fantastique français depuis 1945. Le problème n'est pas en effet sans renvoyer aux reproches un temps adressés dans le monde anglo-saxon à la *fantasy*, associée à la notion négative d'« *escape* ». Or, Tolkien (dans « Tree and Leaf », 1964) avait déjà tenu à différencier ce qui pouvait être considéré négativement d'un côté comme « le vol du déserteur », et positivement de l'autre comme « l'échappatoire du prisonnier ». Cette seconde perspective peut prévaloir pour le fantastique français depuis 1945, qui contourne la réalité immédiate pour mieux y revenir, par des éléments qui passent au-delà de la réalité contingente. C'est en tout cas la réponse apportée par Marc Petit lorsqu'on lui demandait si le jeu dans la fiction avec des réalités autres – informulables, inconceptualisables – ne représentait pas un moyen de « tourner le dos à la réalité ». Pour Petit, ce n'est pas là « se désintéresser du monde et de l'histoire, c'est au contraire une attitude éminemment politique, une manière de contester l'ordre établi, d'inventer un possible » (*Brèves*, n° 59, 2000, p. 8).

Cela conteste, cela invente, mais cela reste finalement au plus près de l'homme : cela ajoute en jouant avec ses manques.

Arnaud Huftier

Entretien avec Denis Tillinac

Né en 1947, partagé entre Paris, Vichy et la Corrèze, il commence par être journaliste localier au journal La Montagne, *expérience qui lui fournit le sujet de son premier livre,* Spleen en Corrèze. *Prix Roger Nimier pour* L'Été anglais *(1983), considéré comme un néo-hussard (ce qui pour lui ne signifie pas grand-chose), il a dirigé les éditions de La Table Ronde entre 1990 et 2007.*

Quelles sont vos admirations d'adolescence et de jeunesse ?

Deux pôles se rejoignent, dont l'un continue de m'accompagner, c'est Dumas, *Les Trois Mousquetaires*. L'autre, à l'adolescence – l'appel de la chair, comme on dit, et en même temps la soif de pureté – c'est Mauriac… où mon éducation catholique n'est pas pour rien. Mais si on parle d'admirations d'adolescence et de jeunesse, je dirais qu'outre la littérature, il y a aussi le rugby… Quand mes parents ont quitté Paris pour s'installer à Vichy, j'ai découvert en jouant les matches de lever de rideau une géographie enchantée, une Gascogne idéale et un peu au-delà : [avec l'accent] Peyrohade, Bayonne, Saint-Sever, Castel-Sarrazin, Agen, Montauban… Toulon.

En plus, j'ai toujours poursuivi une quête sentimentale, passéiste même, d'une France oubliée et disparue, celle que l'on trouve dans les romans de Balzac. Si je devais résumer, je dirai que mes deux copains d'adolescence, c'est Balzac et Mauriac.

Votre premier roman, qui n'est pas vraiment un roman, date de 1979, Spleen en Corrèze.

Pas mon premier roman, mon premier livre. C'est un journal, à peine romancé, du temps où j'étais localier à *La Montagne*.

C'est une époque où les grandes querelles romanesques esthétiques et idéologiques semblent éteintes. Il y a des années que le milieu littéraire ne s'empoigne plus au nom du nouveau roman.

J'étais assez loin du monde littéraire, essentiellement parisien. J'en restais aux classiques, passionné de Corneille et de Pascal... donc des classiques de l'époque classique. Mais aussi des classiques « modernes ». Trois auteurs essentiels pour moi : Montherlant, Bernanos et Malraux. C'est un héritage paternel. Si je peux parler de ma famille littéraire, c'est bien Montherlant, Bernanos et Malraux... avec Mauriac, beaucoup plus que les hussards dont la critique m'a rapproché par la suite. Chez Montherlant j'aime autant le romancier que le dramaturge, chez Malraux, le romantisme politique et chez Bernanos le sens de l'imprécation qui renvoie à ma haine du monde moderne, vulgaire, mercantile, technicien, sans spiritualité aucune... Je me passionne aussi pour le Barrès du *Culte du moi*... C'est mon côté égotiste... mais pas stendhalien : Stendhal n'a pas beaucoup compté pour moi.

C'est la période où je lis beaucoup et dans tous les sens. Je me sens attiré par la littérature mais sans savoir si je serai Rimbaud ou Schopenhauer !

1983 est une date importante puisque vous obtenez le prix Roger Nimier pour L'Été anglais. *Est-ce que vous avez le sentiment, alors, de vous inscrire dans une descendance ou un courant ?*

J'ai essayé de peindre avec une écriture tendre et drôle les aléas du désir dans une époque permissive. Mais à aucun moment je n'avais le sentiment de suivre la voie de Nimier. En fait je découvre Nimier à cette occasion, je me mets à le lire. C'est un article de Jardin, dans *Les Nouvelles littéraires*, je crois, qui me classe dans les « nouveaux hussards ». Du coup je les lis tous.

Vous ne les connaissiez pas ?

À peine. Aucun vraiment. Ni les auteurs considérés comme proches des hussards ou dont les hussards aimaient à se réclamer. Sauf que j'avais lu *Claire* de Chardonne… un livre qui appartenait à ma tante. J'avais trouvé ça très bien… une aquarelle. De Nimier, j'avais lu *Les Enfants tristes* mais je n'avais jamais lu un Morand, un Haedens, un Blondin. Et je les ai découverts. Ce n'est pas ma famille directe, c'est des cousins… des cousins qu'on retrouve dans les cérémonies familiales. Ce n'est pas la famille très proche, et déjà pour une raison essentielle : ils ne sont pas intéressés par la spiritualité… pas de souci religieux chez eux.

Je découvre Déon, je découvre Jacques Laurent. Mais c'est devant Blondin que je tombe en admiration… pour le style. Et de même chez Morand. Chez Morand, je suis sensible au style, surtout. Pas à sa personnalité, en tout cas. Chez Blondin, j'aime tout. C'est à trente-cinq ans que j'ai découvert les hussards… et les autres. Et en même temps, je suis entré dans la « vie littéraire », ce à quoi je n'avais pas réellement pensé. Je n'avais pas pu être un homme d'action, puisque je n'étais pas marxiste révolutionnaire. Je m'étais replié en province, je me voyais, toute proportion gardée, un destin à la Amiel. Et puis il y a eu le prix Nimier… et je me suis réveillé néo-hussard. Je les ai lus, je les ai aimés.

À l'occasion de ce prix Nimier, j'ai rencontré des écrivains : ils m'ont accueilli ; eux aussi, je les ai lus et aimés : D'Ormesson, Nourissier – *Un petit bourgeois*, c'est excellent –, Dormann… Il y avait Fraigneau, et Blondin, qui m'a dit : « Pas mal ton roman. Do… dommage qu'il n'y ait que le premier chapitre. »

Quelques années plus tard vous êtes devenu directeur des éditions de La Table Ronde, l'éditeur des Hussards… même si, à part Blondin, ils n'y ont pas publié la majorité de leur œuvre. Y avait-il un esprit hussard dans cette maison ?

J'ajoute Anouilh. Je connaissais La Table Ronde. J'avais même soumis un manuscrit sur Simenon à Laudenbach – il a été publié par Calmann-Lévy, en 1980, *Le Mystère Simenon*. C'était une maison pas comme les autres, elle m'intéressait. Devenu « néo-hussard », j'étais considéré comme un homme de droite. Et j'étais bien obligé de me percevoir comme un homme de droite… à cause de mai 68. Je suis gaulliste : c'est-à-dire ni de droite ni de gauche. C'est mai 68 qui a fait de moi un homme de droite.

Quelques années plus tard, alors que j'avais envie de monter, de remonter, à Paris – j'avais fait le tour de ma province balzacienne – on m'a proposé de diriger La Table Ronde. J'ai succédé non pas à Roland Laudenbach mais à Jean Picollec. Moi, j'étais écrivain, je représentais le côté littéraire, mais la véritable âme c'était Marie-Thérèse Calonni. J'entretenais l'image littéraire de la maison, elle la faisait fonctionner. Olivier Frébourg qui avait un peu plus de vingt ans était le directeur littéraire.

Est-ce qu'il était encore possible de retrouver un esprit maison, un esprit hussard ?

Dans les années 1990, ce n'était plus une époque à écoles ou à courants. Ce n'était plus possible. Des auteurs, il y en avait mais ils étaient chez des éditeurs qui leur donnaient de l'argent, ils voulaient être dans les journaux, à la télé… ils n'avaient pas envie de former une école. Et puis une école, un mouvement, ça se forme autour d'une allergie ou d'un enthousiasme. Il n'y avait plus ça dans les années 1990. Plus largement, il n'y avait plus d'esprit littéraire. Le bar du Pont-Royal n'était plus un café littéraire… On peut toujours le croire… mais la télévision a mis fin à ça depuis longtemps.

La Table Ronde ne pouvait pas devenir la maison des néo-hussards parce qu'ils existaient encore moins que les hussards. On m'avait associé à Cauwelaert, Ardisson, Neuhoff… d'autres… Je n'avais rien contre eux, mais on ne formait pas une famille. En fait, La Table Ronde a trouvé sa voie dans quelque chose que j'aime bien : une littérature un peu hybride ni tout à fait roman, ni tout à fait récit ni tout à fait essai, une littérature de la digression : Jean-Paul Kauffmann, Jean-François Bizot, Denis Lalanne… J'y ai ajouté mes propres essais – *Le Masque de l'éphémère, Le Retour de d'Artagnan* – pour constituer un pôle rassembleur.

Je peux dire que je suis arrivé après la fin de l'écrivain comme figure sociale importante dans la vie culturelle parisienne… et française. C'est à la télé que ça se passe, Ardisson et Beigbeder l'ont bien compris. J'ai édité le premier livre de Beigbeder – *Mémoires d'un jeune homme dérangé* –, pas le second. Mais on est resté en bons termes, c'est un garçon qui a du talent et du goût pour les lettres… et qui vaut mieux que l'image qu'on a de lui… mais il y a la télé et le cinéma. Tout le monde veut être à la télé ou au cinéma. La littérature n'est pas assez rémunératrice socialement.

De quels (jeunes ou moins jeunes) écrivains contemporains vous sentez-vous proche ?

J'ai aimé la petite musique de Modiano… moins maintenant. J'ai trouvé une énergie formidable à Fajardie. Mais je ne peux pas dire : aujourd'hui, voilà l'écrivain qui compte pour moi. Il y a des gens que j'aime bien, mais pas d'écrivain qui compte.

Mais il ne resterait pas un écrivain… comment dire, de référence : le Grand écrivain ?

Le personnage social est en train de disparaître, a disparu même. Il ne peut plus y avoir de grand écrivain vivant. Le dernier géant, le dernier Grand écrivain, comme vous dites, c'est Simenon. Il signe la fin de la littérature. Maintenant on se promène dans le musée imaginaire de la littérature. La littérature moderne commence avec Chateaubriand, elle finit avec Simenon. Entre les deux, il y a tous les grands qui sont devenus des classiques – Balzac, Stendhal, Proust… et les poètes, je relis Baudelaire et Rimbaud –; avant, il y a la littérature classique que je relis aussi.

Et Céline ?

Céline, c'est un classique. Un monstre, mais un monstre classique.

Et personne aujourd'hui ?

Aujourd'hui, il y a des raconteurs d'histoires, souvent de leur propre histoire… ils cherchent des sujets. En espérant la télévision ou le cinéma. Il y a des gens qui écrivent très bien mais je ne crois pas qu'ils ont une véritable universalité. Ils écrivent des livres avec talent. Mais il faut gagner sa vie. C'est pourquoi, on a une littérature de profs et de journalistes… et de petits journalistes. Parce que les connus, comme les vedettes ou les pseudos vedettes, ils n'ont même pas besoin d'écrire, l'éditeur prend le manuscrit sur leur nom. Peu importe que ce soit écrit par un nègre.

Le livre est complètement désacralisé. D'ailleurs on entasse les bouquins en piles, dans les foires – la foire du livre de Francfort, de Bruxelles, le salon de Paris… Ce n'est pas le livre qui compte c'est le nom sur la couverture… la moindre starlette qui a montré son cul dans un feuilleton, on lui fait écrire, ou on fait écrire son livre par un nègre, et on essaie de le vendre.

Il n'y aura donc pas de grand romancier du XXIe siècle ?

Il y aura des écrivains du XXIe siècle. Mais la question du grand écrivain est obsolète. Comment imaginer des Proust, Valéry, Claudel, Montherlant du XXIe siècle ? Le dernier c'est Simenon. On peut dire qu'il écrit mal, qu'il n'a pas de style, qu'il entasse des clichés… mais c'est un monde… notre monde, et le monde Simenon.

Question subsidiaire. Il y a beaucoup de noms de lieux dans vos titres : Spleen en Corrèze, Le Rêveur d'Amérique, Le Bonheur à Souillac, L'Été anglais, Le Spleen à Daumesnil, L'Hôtel de Kaolack, Vichy, Dernier verre au Danton, Je me souviens de Paris.

Pour moi, les concepts et les émotions sont inscrits dans des lieux. Même Pascal il faut que je me dise qu'il est auvergnat… avec la pierre grise de Volvic. J'ai découvert le Val de Loire avec Balzac et Simenon… la Brière avec Chateaubriant, l'autre; les Ardennes avec Dhôtel, la Provence avec Giono et Pagnol. Je suis allé au pays d'Elvis pour écrire *Balade sudiste* et dans le Missisipi pour bien lire Faulkner… Les concepts comme les émotions sont enracinés.

propos recueillis par Alain Cresciucci

Le temps des néo-hussards : de la droite littéraire aux antimodernes

« Le premier souvenir que j'ai de Frédéric Fajardie est un gros visage de débile mental aux yeux presque fermés et aux joues blanchâtres : Faty, sur la couverture de *Gentil, Faty !*, chez Fayard. C'était le début des années 1970. Ou la fin. Fajardie était l'un des chefs de file du néopolar. L'époque était très néo. Il y avait eu les néoromantiques, il y aurait bientôt les néo-hussards. Entre-temps, les néophilosophes avaient campé chez Bernard Pivot sur Antenne 2, l'ancienne France 2. » Rendant hommage, à sa manière, provocatrice et ironique, au célèbre auteur de polars (*Le Point* du 15 mai 2008), Patrick Besson, l'un des chefs de file des néo-hussards, dressait en connaissance de cause un portrait très juste des *Seventies*.

Qui sont les néo-hussards ? Certainement pas une école littéraire. Pas de manifeste, pas de date de naissance officielle [1], pas d'annuaire recensant les principaux intéressés. Plutôt une constellation de sensibilités – outre les « grands frères » Gabriel Matzneff et Dominique de Roux, citons Denis Tillinac, Éric Neuhoff, Stéphane Denis, Frédéric Berthet (1954-2003), Jérôme Leroy, François Taillandier, Didier van Cauwelaert, Olivier Frébourg, Sébastien Lapaque, Christian Authier – aux contours mouvants qui met ses pas dans ceux que Bernard Frank (1929-2006) avait qualifiés de « hussards » dans un

1. Dans le défunt *Évènement du jeudi*, Jérôme Garcin utilisa au milieu des années 1980, l'expression « néo-hussards ».

article fameux des *Temps modernes* en 1952. Il désignait alors Roger Nimier (1925-1962), Antoine Blondin (1922-1991), Jacques Laurent (1919-2001), auxquels on adjoignit bientôt Michel Déon, représentants d'une droite littéraire qui s'opposait après 1945, au nom de la liberté romanesque, au roman à thèse et à l'existentialisme incarné par Jean-Paul Sartre[2]. Les néo seraient-ils donc l'ultime avatar d'une droite littéraire apparue au début du siècle dernier avec Maurice Barrès ? Pas si simple quand on sait, par exemple, qu'un Patrick Besson flirta un long moment avec le Parti communiste partageant, entre autres, son talent entre *L'Humanité* et le *Figaro littéraire* au début des années 1980. Produits de l'après guerre froide, les néo, à la différence de leurs aînés nés autour de 1920, n'entretiennent pas les mêmes rapports passionnels avec l'histoire et la politique.

Le rapport à l'histoire

Car, tout désengagés qu'ils se revendiquent après 1945, les hussards appartiennent culturellement à une droite antidémocratique. Ils furent à l'école de l'Action française de Charles Maurras. La défaite de 1940 constitua pour eux une humiliation quasi indélébile, humiliation aggravée à leurs yeux par le climat de guerre civile qu'aurait entretenu De Gaulle jusqu'à la guerre d'Algérie en passant par l'Épuration. D'où une relation conflictuelle avec l'histoire qui conduisit un Michel Déon à rédiger son *Mégalonose* (1967) ou encore un Jacques Laurent à écrire *Mauriac sous de Gaulle* (1964) deux virulents pamphlets antigaullistes publiés aux éditions de La Table Ronde qui, sous la houlette de Roland Laudenbach (1921-1991), menaient une véritable croisade contre le fondateur de la Ve République.

Rien de tel chez les « néo-hussards ». Nés au milieu du XXe siècle (un peu avant ou après), ils ne sont pas habités de la même manière que leurs aînés par l'histoire. Leur rapport avec la démocratie est

2. Sur la mythologie hussard, cf. notre article « Itinéraire et postérité des "hussards", dans *Histoire et littérature au XXe siècle*, Éditions du Groupe de recherche en histoire immédiate, coll. « Sources et travaux », n° 13, Toulouse, p. 513-524.

pacifié et ils n'ont pas autant le goût que leurs prédécesseurs pour le débat des idées. Quand Denis Tillinac reprend, en 1990, les rênes des éditions de La Table Ronde, qui incarnèrent après 1945 l'esprit hussard, il tourne résolument le dos à l'antigaullisme et à l'esprit OAS afin de renouer avec la tradition non-conformiste d'avant la guerre d'Algérie, quand une droite buissonnière « prônait le bonheur, l'amitié, la passion, le vagabondage, l'élégance, la désinvolture [...] »[3]. Pour autant, l'histoire n'est pas absente de l'univers des néo. Elle est tout à la fois une toile de fond et une nostalgie. Quand Éric Neuhoff évoque le temps des hussards dans un court essai sur Michel Déon : « C'était il y a très longtemps, avant que la France ne ressemble à rien, quand la gauche et la droite étaient des mots qui avaient un sens et que la télévision existait à peine. »[4] Chez Tillinac, le ton est moins désabusé et peut devenir franchement militant quand il décline sa passion pour De Gaulle, héros d'une histoire de France dont il aime les images d'Épinal à la manière de son *Chirac le Gaulois*[5] (La Table Ronde, 2002). En contrepoint de l'époque dans laquelle ils vivent, les néo peuvent utiliser l'histoire comme un prétexte. En 1992, Éric Neuhoff choisit de raconter dans *Actualités françaises* (Albin Michel) les derniers jours d'un condamné à mort qui n'est autre que Robert Brasillach. Nulle intention politique sans doute dans ce choix traité sur le mode de la fiction. Plus sûrement, une forme de provocation. Laquelle fut immédiatement relevée par toute une partie de la presse à commencer par Patrick Kéchichian (*Le Monde*) qui, sous le titre « Brasillach révisé », pointe « sous le masque du roman, une discrète réhabilitation d'une figure honteuse de la Collaboration ». Facho ou pas facho, les néo, pour reprendre une terminologie très en vogue dans notre champ sémantique ? De droite ou pas de droite ?

3. Denis Tillinac, *Le Retour de d'Artagnan*, 1992, p. 44. Sur l'histoire de la maison d'édition fondée par Roland Laudenbach, voir Patrick Louis, *La Table Ronde, une aventure singulière*, La Table Ronde, 1992.
4. Éric Neuhoff, *Michel Déon*, Éditions du Rocher, coll. « Domaine français », p. 15.
5. Titre d'un portrait flatteur de Jacques Chirac que Tillinac a toujours soutenu au nom de l'amitié. Du même auteur, *Les Masques de l'éphémère* (La Table Ronde, 1999) propose une réflexion sur le progrès destructeur dans une civilisation qui a perdu le sens du sacré.

Depuis 1945, les intellectuels rechignent à s'afficher à droite. En 1978, dans un essai iconoclaste qui rassemble des portraits de personnalités de droite, Jean-Pierre Apparu débute ainsi son propos : « Soyez difforme, fou, infirme, on vous plaindra ; voleur et assassin, on vous trouvera des justifications, mais surtout ne vous proclamez pas de droite. »[6] En 1997 après le désastreux résultat de la droite aux élections législatives, Stéphane Hoffmann, autre néo-hussard, se fend d'un petit pamphlet rédigé avec « insolence et gaîté » où il dresse le constat d'une droite « snob et complexée », qui a honte d'elle-même depuis 1974. Pourtant, après la marée gauchiste post-68, l'horizon intellectuel s'était éclairci, à droite, avec la publication de *L'Archipel du Goulag* de Soljenitsyne (1974) et le virage antitotalitaire d'une partie de l'intelligentsia française. C'est aussi le temps de la contre offensive d'une droite doctrinale, celle issue du libéralisme autour de disciples de Raymond Aron et d'une droite antilibérale autour d'Alain de Benoist. Mais les néo prefèrent d'autres voies que celles de la politique en privilégiant l'esthétique et plus particulièrement le jeu des filiations qui fédèrent une sensibilité à la façon d'*Actualités françaises*.

Le salut par l'esthétique : le jeu des filiations

Dans ce qui pourrait être un plaidoyer générationnel mais qui n'en est pas un, tant les néo réfutent tout ce qui est collectif, le même Stéphane Hoffmann écrivait : « Les maîtres que nous nous sommes choisis n'avaient pas le temps d'enseigner. À peine avaient-ils celui de vivre à plein une existence de toute manière furtive. Nous leur avons pris, un peu par hasard, ce qui nous plaisait. Nous essayons de nous y tenir : la gaîté, le dédain des modes, le refus de mots d'ordre, la curiosité, la méfiance envers les idées, l'amitié, la gourmandise et l'exigence de la passion. Le travail aussi. » Quelques lignes avant, l'auteur énumérait les figures de son panthéon : Marcel Proust, Louis-Ferdinand Céline, Georges Bernanos, Sacha Guitry, Henri de

6. Jean-Pierre Apparu, *La Droite aujourd'hui*, Albin Michel, 1979, p. 17.

Montherlant, François Mauriac, André Maurois, Paul Morand, Paul Claudel, Marcel Aymé.

Prix Roger Nimier en 1991 pour *Château Bougon* (Albin Michel), Stéphane Hoffmann s'est choisi un intercesseur bien vivant en rédigeant un portrait de Félicien Marceau[7], en 1994, aux éditions du Rocher. Dans la même collection intitulée « Domaine français », Éric Neuhoff racontait la révélation que fut la découverte de Déon en 1973 et en profitait pour prendre ses distances avec son époque : « Les professeurs conseillaient Ivan Illich et Herbert Marcuse. Sur les tables basses dans les salons, se récapitulaient *L'Archipel du Goulag*, les *Mémoires* de Jean Daniel, les entretiens de Sartre avec des maoïstes. À part nous, qui lisait encore des romans ? »[8] Et de conclure que « les livres de Déon furent notre cour de récréation ». Né en 1969, c'est un autre prix Roger Nimier, Christian Authier, qui faisait son entrée en littérature, dans cette même collection, avec *Patrick Besson* (1998). Ce type de texte, relativement confidentiel et très éloigné dans son concept de la biographie classique, relève davantage de l'évocation avec la volonté d'établir une connivence, voire de l'autoportrait. Très éloignées des formes académiques et universitaires, ces critiques d'humeur[9] valorisent le plus souvent un esprit rebelle, réfractaire à l'esprit de son temps, bref des « Infréquentables »[10] pour reprendre le titre d'une autre collection toujours au Rocher. À vingt-quatre ans, Olivier Frébourg y publiait un *Roger Nimier, trafiquant d'insolence* (1989) tandis que Charles Dantzig, autre lauréat du prix Nimier en 2001, croquait un contemporain de Huysmans, Rémy de Gourmont, qualifié par l'auteur de « parfait polémiste et le plus grand critique de son temps »[11]. Les néo, qu'ils soient issus de droite ou de gauche, se délectent de l'insolence et des grands

7. Né en 1913, auteur de nombreux romans comme *Chair et cuir*, Félicien Marceau a rédigé un essai intitulé *Le Roman en liberté* (Gallimard, 1978) qui s'inscrit dans la ligne de l'esprit de la droite buissonnière.

8. Éric Neuhoff, *Michel Déon*, *op. cit*.

9. Toujours dans « Domaine français », citons également *Gabriel Matzneff* par Philippe Delannoy ou *Frédéric H. Fajardie* par Jérôme Leroy.

10. Dans cette collection dirigée par Michel Bulteau, un hussard provincial aujourd'hui moins connu Willy de Spens avait publié un *Cyrano de Bergerac*.

11. Signalons que Charles Dantzig, auteur en 2005 d'un *Dictionnaire égoïste de la littérature française*, très remarqué, a rédigé avec Félicien Marceau un passionnant livre d'entretien intitulé *L'imagination est une science exacte* (Gallimard, 1998).

colériques de notre panthéon littéraire. Sébastien Lapaque, jeune écrivain né en 1971, journaliste au *Figaro littéraire*, est fasciné par la figure d'un grand imprécateur du XXe siècle, Georges Bernanos auquel il a déjà consacré deux essais : « Mais où est passé le Bernanos qui faisait trembler les imbéciles ? Où a-t-on caché ses attaques contre le monde moderne, dans ce qu'il a de plus totalitaire, de plus destructeur et de plus asphyxiant ? »[12] Une figure mythique et pionnière en néo-hussardie, Dominique de Roux, fondateur des Cahiers de l'Herne, avait mis en application le programme de Bernanos pendant une vie bien remplie que Jean-Luc Barré a résumé ainsi dans le titre d'une récente biographie : *Le Provocateur 1935-1977* (Fayard, 2005).

Le parti pris esthétique et le jeu des filiations ne nous permettent-ils donc pas de faire pencher la galaxie des néo vers celle des « antimodernes » ? La recherche d'un style cinglant, éclatant, excessif, démesuré chez leurs maîtres les rapproche de la filiation établie par Antoine Compagnon, notamment dans la dimension « imprécateur » qui est refus non pas tant de la modernité que de l'illusion progressiste.

Le goût de l'imprécation

On l'a dit, les néo n'ont pas, dans leur majorité, de contentieux avec la démocratie ni avec 1789 comme certains de leurs aînés. Cependant, à force de faire profession de refuser les mots d'ordre, pour reprendre l'expression de Stéphane Hoffmann, ces francs tireurs endossent parfois eux aussi la défroque de l'imprécateur, exercice dans lequel ils perpétuent, d'une certaine manière, le goût du pamphlet de leurs aînés. Certes, il n'existe plus de principe unificateur comme du temps de l'antigaullisme virulent des hussards. Après l'ultime querelle frontale que fut la guerre d'Algérie, on assiste à une dilution des engagements et à un éparpillement des centres d'intérêt comme le résume Rémi Rieffel : « On fonctionnait

12. Sébastien Lapaque, *Georges Bernanos encore une fois*, L'Âge d'homme/Les Provinciales, 1998, p. 13. Du même auteur, voir *Sous le soleil de l'exil. G. Bernanos au Brésil 1938-1945*, Grasset, 2003.

avant à l'exclusive, à l'opposition continuelle par des querelles de chapelles et des combats violents. Aujourd'hui, les querelles sont moins affirmées et surtout il y a des passerelles. »[13] Des passerelles qui se moquent des clivages politiques et qui sont un défi pour toute tentative de classification.

Carrefour de postures antimodernes, la collection « Colère » – toujours aux Éditions du Rocher occupant l'espace qui fut celui de La Table Ronde au temps des hussards –, initiée par Jean Marc Parisis, permet à un auteur d'en livrer une : « un sujet qui le tient, qui le mord et qui fait exploser le verbe, qui bouscule les idées. Une bonne colère ? Ca va toujours mieux en le disant... » À la fin des années 1990, l'héritage de la culture de mai 68 est condamné par Jean-Christophe Buisson dans *Mao, Trotsko, dodo* (2001) tandis que François Taillandier stigmatise, dans *Les Parents lâcheurs* (2001), les démissions parentales et scolaires. Christian Combaz s'insurge contre les dangers d'une mystique de l'égalité dans *Égaux et nigauds* (2001). En ciblant le règne de la voiture, Benoît Duteurtre avec *Le Grand Embouteillage* (2002) flirte avec la critique sociale et vitupère contre une économie de marché mortifère alors que, plus traditionnellement, Gérard Leclerc défend le christianisme en s'insurgeant contre *Le Bricolage religieux* (2001). Le choix de thèmes sociétaux[14] permet indirectement de s'aventurer sur le terrain politique avec l'idée qu'après une colère, on passe à autre chose. Autrement dit, pas de marotte. Les passerelles fonctionnent bien. Le collaborateur de *L'Huma*, François Taillandier, cohabite avec le royaliste Gérard Leclerc, éditorialiste à *France catholique*.

Des refus communs qui finirent toutefois par s'amalgamer à la fin des années 1980 et au début des années 1990 dans *L'Idiot international*, journal issu de l'extrême gauche, créé par l'inclassable Jean-Edern Hallier (1936-1997) qui avait entrepris une véritable croisade contre François Mitterrand en cherchant de toutes les manières à publier son

13. Rémi Rieffel, « Les métamorphoses de l'intellectuel en trente ans », *Le Quotidien de Paris*, 12 octobre 1993 à propos de son ouvrage *La Tribu des clercs. Les intellectuels sous la Ve République* (Calmann-Lévy, 1993).
14. Cf. par exemple le choix de Christian Authier qui, dans *Les Bouffons du foot* (2002), dénonce la récupération de ce sport par les élites bien-pensantes.

fameux pamphlet *L'Honneur perdu de François Mitterrand*[15]. Il serait vain ici de rappeler toutes les péripéties du combat entre le pouvoir et le célèbre romancier. Retenons simplement que *L'Idiot* fut alors le dernier exemple de journalisme pamphlétaire dans sa tradition la plus excessive. Et qu'il rassembla autour de Jean-Edern Hallier une troupe hétéroclite où les néo-hussards furent largement représentés à commencer par Patrick Besson, Charles Dantzig, Thierry Ardisson, Christian Laborde, Gabriel Matzneff, Benoît Duteurtre. Artilleur en chef, Patrick Besson, qui y poursuivit ses chroniques ou diatribes littéraires[16] de *L'Huma*, résume ainsi son aventure : « *L'Idiot*, je l'ai vraiment vécu comme un monôme, dont le surgé était encore plus bordélique que nous tous réunis. C'était une bande de *desperados*, avec de la coke, des gonzesses, des copains des RG et des ultras-gauchistes, et M.E. Nabe. »[17] Antiaméricain[18], contre « l'argent roi », anti Mitterrand, antitout, *L'Idiot* développe l'idée, pas très originale au seuil des années 1990, qu'il n'existe plus de droite et plus de gauche et que les écrivains ont un statut à part dans la société constituant une sorte d'aristocratie de l'esprit. Ainsi, pour le défendre, Jean-Edern Hallier en appelle-t-il à Jean Dutourd qui, dans un éditorial cité à deux reprises, écrit : « [...] L'inconvénient, c'est que le pouvoir a toujours tort contre les hommes de lettres, même si, par hasard, il a raison. Tort, avec sa puissance, de terrasser un particulier. Et surtout, si ce particulier (comme c'est le cas) a la langue bien pendue et la plume emballée. L'homme de lettres a toujours le dernier mot. Le gouvernement est en train de le transformer en Diogène, en Beaumarchais, en Léon Bloy. »[19] En réalité, derrière un certain confusionnisme[20], se dessine en filigrane une fronde contre ce que représentent les valeurs

15. Publié sous forme de feuilletons dans *L'Idiot* quand celui-ci n'était pas saisi, l'ouvrage fut finalement coédité, en 1996, par Les Belles Lettres et les Éditions du Rocher.
16. Cf. entre autres Patrick Besson, *Les ai-je bien descendus ?*, Messidor, 1991.
17. Propos rapportés dans Emmanuel Lemieux, *Le Pouvoir intellectuel. Les nouveaux réseaux*, Denoël, 2003, p. 366.
18. Cf. sur ce thème le récit de Patrick Besson, « Ma guerre du Golfe », *L'Idiot international*, 28 juin 1991.
19. Jean Dutourd, *L'Idiot International*, février 1992 et mai 1993.
20. La présence de personnalités d'extrême droite comme Edouard Limonov fut à l'origine de la controverse sur un rapprochement « rouge-brun » : cf. l'article du *Monde*, « Quand la direction du PCF soutenait "L'Idiot international" », 12 juillet 1993.

de la « décennie socialiste », l'illusion d'un progrès continu. Fronde contre le « politiquement correct », le terrorisme intellectuel de « maîtres censeurs » qui dicteraient les termes du débat intellectuel.

Une fronde qui amena même, une fois n'est pas coutume, un certain nombre de néo à prendre position dans le débat politique en soutenant, aux élections présidentielles de 2002, la candidature de Jean-Pierre Chevènement. Le « troisième homme » souhaitait tourner le dos aux clivages politiques dans la tradition ni droite ni gauche du gaullisme. À leur manière qui ne se voulait surtout pas un « manifeste d'intellectuels engagés », Patrick Besson, Jean-Christophe Buisson, Christian Laborde, Sébastien Lapaque, Jérôme Leroy, Philippe Muray, François Taillandier rédigèrent avec d'autres écrivains des nouvelles en forme d'hommage sur la figure de Chevènement qui réhabilitait la nation[21].

L'une des têtes pensantes de la fronde contre le « politiquement correct », qui collabora d'ailleurs à *L'Idiot*, fut l'écrivain Philippe Muray (1945-2006). Issu plutôt de la gauche et longtemps proche de Philippe Sollers, l'auteur des *Exorcismes spirituels* devint à partir de la fin des années 1980, sur un ton souvent ravageur, le contempteur des travers de son temps au point d'être perçu comme un réactionnaire ainsi que le fait remarquer Bruno de Cessole dans un bel hommage paru dans l'hebdomadaire de droite *Valeurs actuelles* : « Cependant, afin de jeter l'opprobre sur celui qui ridiculisait avec autant de drôlerie l'infantilisation des esprits, le charabia du langage, la festivisation de l'humanité, l'idolâtrie du jeunisme, la transgression érigée en norme, l'éradication du passé, le pouvoir matriarcal, la traque vertueuse de toute forme de mal pensance, les chiens de garde de l'empire du Bien le stigmatisèrent comme “nouveau réactionnaire”. »[22] Pour les néo-hussards comme Denis Tillinac, Philippe Muray reste un exemple d'insoumission que l'on ne peut situer ni à gauche ni à droite : « Proscrit par les autorités de la rive gauche, haï

21. Cf. *Contes de campagnes*, collectif, Mille et Une nuits, 2002. Préface d'Edmonde Charles-Roux.
22. Bruno de Cessole, « Philippe Muray : l'insolence de déplaire », *Valeurs actuelles*, 7 août 2008. Sur la festivisation de l'époque, son thème de prédilection, voir ses entretiens avec Élisabeth Lévy, *Festivus festivus*, Fayard, 2005.

par la gentry médiatique, Philippe Muray est mort comme il a vécu : discrètement, presque clandestinement. Les rares qui sont venus honorer sa mémoire dans cette église moche, sous ce ciel désolé, ne sont pas les plus médiocres : Sempé, Debray, Finkielkraut, Olivier Rolin, Chantal Delsol, Taillandier. Pas la droite ou la gauche, pas les "réacs" ou les "progressistes"; des esprits dissemblables qui savent, eux, ce que l'intelligence de ce pays usé a perdu. »[23]

Tillinac cherchait ainsi à tordre le coup à la thèse développée entre autres par l'historien Joël Roman dans *Esprit* qui estimait que les formules et les polémiques de Muray l'avaient conduit à une posture résolument antidémocratique et élitiste[24]. On l'aura compris, les néo sont extrêmement attachés à leur indépendance d'esprit.

Pour autant, ils sont assez bien représentatifs de leur époque dans laquelle, depuis la fin des grandes figures avec la guerre d'Algérie, s'affirment les réseaux et les filières qui déterminent les carrières. Les néo ont eu leurs places fortes et leurs relais de poste. La Table Ronde, aujourd'hui dirigée par Alice Déon, notamment *via* sa collection de poche « La petite vermillon » au catalogue éclectique et, dans une moindre mesure, les éditions du Dilettante qui viennent de s'illustrer récemment en publiant *Les Papiers gommés* (2008) d'A.D.G. entretiennent la flamme. Cependant, au cours des années 1980, l'esprit frondeur et néo semble avoir trouvé refuge aux éditions du Rocher. Celles-ci cultivent un vrai non-conformisme souvent provocateur. De la collection « Les infréquentables » dirigée par le touche à tout Michel Bulteau[25] au « Domaine français » sous la bannière de Patrick Besson en passant par la collection « Colères » de Jean-Marc Parisis, règne un état d'esprit : refus des mots d'ordre en tout genre et surtout légèreté. Cette édition d'humeur[26] qui tend à disparaître du pay-

23. Denis Tillinac, « Muray l'insoumis », *La Dépêche du midi*, 5 mars 2006.

24. Cf. Joël Roman, « Un nouveau réactionnaire : M. Philippe Muray », *Esprit*, novembre 2001, p. 135-142. Voir le livre qui a popularisé l'idée d'une contre offensive généralisée : Daniel Lindenberg, *Enquête sur les nouveaux réactionnaires*, Éditions du Seuil, 2002.

25. Cf. la réédition au Rocher de son livre sur les dandys fin XIXe siècle, *Le Club des longues moustaches*, (2004).

26. L'humeur prospère dans le domaine littéraire chez un « ancien » hussard comme Michel Mohrt avec *De bonne et mauvaise humeur* (1999) ou chez le prolixe Pol Vandromme, expert en « hussardie ».

sage éditorial rime parfois avec une fibre pamphlétaire qui fait partie de l'identité du Rocher et dont la fameuse coédition avec les Belles Lettres de *L'Honneur perdu de François Mitterrand* est l'exemple le plus abouti. Bien que publié après la mort de l'ancien président, l'ouvrage avait été refusé par une quinzaine d'éditeurs. Michel Desgranges, président des Belles Lettres, avait connu Jean-Edern Hallier grâce à son ami Philippe Muray, collaborateur de *L'Idiot International*.

Dans la presse, les choses sont plus complexes. À la fin des années 1970 et pendant les années 1980, *Le Quotidien de Paris* fondé par Philippe Tesson dans l'esprit de *Combat* fut incontestablement, avec *Le Figaro magazine*, la plaque tournante de cet esprit néo-hussard clairement ancré à droite. Avec la fin du titre, au début des années 1990, la tradition est perpétuée, avec des fortunes diverses, dans *Le Figaro littéraire* voire dans *Valeurs actuelles* ou *Spectacle du Monde*. Cependant, et ce n'est pas le moindre des paradoxes de nos auteurs, dans une période qui marque le triomphe des médias audiovisuels et télévisés, nous assistons au retour de la revue confidentielle et presque clandestine qui permet de prendre le temps de s'exprimer : les défuntes *Réaction* et *Immédiatement*[27] ainsi que *Les Provinciales* (revue et maison d'édition), *Les Épées* ou encore *L'Atelier du roman*. Les quatre premières s'inscrivent plutôt dans une tradition néoroyaliste souvent autour de cette figure obligée qu'est Georges Bernanos. Citons, à titre d'exemple, un extrait du manifeste des *Épées* : « Nullement retranchées dans un horizon purement contestataire, *Les Épées* se présentent avant tout comme une revue royaliste, qui se réclame aussi bien de Maurras et de Daniel Halévy que de Bernanos et de Boutang, des non-conformistes de droite, mais aussi de la tradition thomiste ou du libéralisme politique. »

Ce rapide survol de la constellation des néo donnerait-il raison au fameux précepte d'Albert Thibaudet selon lequel le talent chez les écrivains pencherait à droite ? Pas forcément comme en témoigne,

27. Parmi les collaborateurs de cette revue inspirée d'un titre de roman de Dominique de Roux, citons François Taillandier, Philippe Muray, Benoît Duteurtre, Christian Authier, Frédéric Fajardie, Patrick Besson, Jean-Christophe Buisson, Étienne de Montety ainsi que Paul-Marie Coûteaux.

entre autres, l'hommage de Besson à Fajardie en exergue de l'article ou celui de Jérôme Leroy dans *Valeurs actuelles* : « Mort à 60 ans d'un romancier de gauche cher au cœur des lecteurs de droite. »[28] Plus profondément, on peut dire que le culte d'un style imprécateur chez les néo de droite comme de gauche peut tenir lieu d'engagement ou de prise de position[29] dans la tradition hussarde de la droite littéraire ou dans celle des antimodernes.

Guillaume Gros

28. Jérôme Leroy, « Fajardie, un homme en harmonie », *Valeurs actuelles*, 16 mai 2008, p. 64.
29. Voir le cas de Patrick Besson qui soutint activement la Serbie au moment de la guerre dans l'ex-Yougoslavie.

Entretien avec Benoît Duteurtre

Né en 1960 à Sainte-Adresse, près du Havre, Benoît Duteurtre est l'arrière-petit-fils du président René Coty. Après des études de musicologie, il fait ses débuts en littérature avec Sommeil perdu *(1985). Romancier, journaliste, essayiste, producteur et animateur d'une émission sur France Musique, il est considéré comme l'un des chefs de file du non-conformisme contemporain.*

Vous êtes entré tôt en écriture ; votre bio professionnelle (sur votre site) fait mention de textes soumis à Salacrou à quinze ans. Quels étaient alors vos auteurs ? Et un peu plus tard, disons à l'époque où vous adressiez un texte à Samuel Beckett ?

Armand Salacrou était le seul écrivain qui habitait Le Havre. La seule certitude que j'avais, c'était mon désir d'écrire des livres et donc je suis allé lui soumettre mes écrits pour avoir son avis, mais très honnêtement sans vraiment le connaître comme écrivain.

J'ai l'impression que j'ai appris la littérature à l'envers : ma passion de l'écriture est née avec la découverte des avant-gardes du début du siècle, le dadaïsme, le surréalisme… en réaction à une éducation plutôt classique. J'écrivais alors des proses poétiques du genre écriture automatique. J'ai donc commencé par l'affranchissement avant de repartir à la découverte du sens, du récit, des personnages…

La découverte de Beckett a été un choc pour moi. J'ai commencé par le théâtre, tout simplement dans un manuel de littérature, le *Lagarde et Michard*, sans doute… j'ai été frappé par une photo de la première mise en scène d'*En attendant Godot* de Roger Blin. Ce qui m'a séduit c'est le côté étrange, terrible, mais aussi drôle de Beckett. Un peu plus tard, je lui ai envoyé ce que j'appelais alors des « textes »… Vous voyez, j'étais encore « moderne » à l'époque. C'était entre la poésie et la prose mais plus ça avançait, plus j'allais vers la prose, j'allais de l'écriture *pure* vers le réel *pur*. Beckett a été très aimable ; il m'a incité à me présenter à la *Revue de Minuit* où j'ai été reçu par Mathieu Lindon, qui a commencé à me publier.

Vous avez failli être un auteur des Éditions de Minuit.

Oui, parce que, à l'époque, Beckett était ma référence.

Depuis 1985, vous écrivez vos romans suivant un rythme régulier. Avez-vous la volonté de construire un projet romanesque ? Une « comédie humaine » post-historique ? Des scènes de la vie de province et de la vie parisienne postmodernes ?

Au fil du temps, mon « projet » se précise. Je me dis que tous ces romans forment une espèce d'ensemble qui n'est pas autobiographique mais qui est en parallèle de ma propre existence. Quelquefois je m'amuse à les regrouper, à les classer, à imaginer narcissiquement une future édition en un gros volume… Il y a effectivement pour moi, d'abord ce que j'appellerai, grossièrement, les romans d'apprentissage, c'est-à-dire *Sommeil perdu*, *À propos des vaches*, *L'Amoureux malgré lui*. Après il y a ce que j'appelle « la comédie humaine » moderne… enfin, la comédie réaliste de la société moderne : *Tout doit disparaître*, *Gaieté parisienne*, *Les Malentendus*, *Le Voyage en France*, *La Rebelle*. Et puis il y a les romans qui flirtent avec l'irréel, la veine kafkaïenne, ou marcel-ayméienne… si l'on veut, que l'on retrouve dans *Drôle de temps*, *Service clientèle*, *La Petite Fille et la cigarette*, *La Cité heureuse*. Et maintenant j'aborde une nouvelle série pour le coup délibérément autobiographique. Mais j'aborde l'autobiographie par le biais du thème social, comme un miroir du monde ; ce qui m'intéresse dans l'histoire de ma famille, c'est notamment la transformation de la bourgeoisie dans les années 1960-1970. Les rapports sociaux me passionnent plus que les subtilités psychologiques. Dans la littérature, Balzac m'apparaît comme une référence essentielle. Il est proche de nous car, depuis la fin des années 1960, nous sommes entrés dans une mutation du monde... sociale, existentielle, qui est aussi énorme que celle que Balzac a vécue au début de la révolution industrielle.

Vous proposez rapidement une version revue de vos romans, c'est assez rare surtout avec si peu de distance : Les Vaches, Gaieté parisienne, Drôle de temps, Service clientèle... *?*

C'est avant tout un souci du détail, la volonté de corriger certaines imperfections. Il n'y a jamais de grosses retouches, sauf pour *Les Vaches*, devenu *À propos des vaches* qui est une nouvelle mouture d'un livre que je trouvais en partie réussi et en partie raté, et qui conservait d'ailleurs quelque chose de mon goût pour la prose poétique... Il m'a semblé, en outre, que quelque chose qui était en germe dans *Les Vaches* a pris tout son sens dans la réalité historique de la crise de la « vache folle » et de la *disparition* de la campagne, que j'ai intégré en préambule et en postlude dans *À propos des vaches*.

On vous reproche parfois, comme à Houellebecq, de ne pas avoir de style.

Mon écriture est travaillée pour qu'on ne voie pas le travail. Il y a, en France, un culte un peu confus de l'écriture... cette idée que le style se voit et même qu'il s'exhibe... c'est pour cela qu'on a une telle fascination, justifiée, pour Proust et Céline. C'est très français. De grands romanciers comme Kafka, Hemingway... d'autres, vont dans une voie totalement inverse, celle d'un effacement de l'écriture : une écriture qui ne cherche pas à se faire voir mais à faire voir quelque chose. Je me demande si nous ne continuons pas le conflit de la fin du XIXe siècle entre le courant symboliste et le courant réaliste – ces deux courants qu'on pourrait dire, rapidement, de la poésie et de la prose ayant fusionné chez Proust. Le roman français contemporain reste pris dans cette idée qu'écrire un roman c'est inventer une écriture et non pas raconter quelque chose. Milan Kundera a très bien montré dans *L'Art du roman* que le style d'un écrivain, ce n'est pas seulement une écriture mais aussi une façon de construire une histoire, d'inventer des personnages. C'est pourquoi j'ai tendance à penser, et même si certains pensent que je dis n'importe quoi, que l'école du nouveau roman continue car le nouveau roman est d'abord ce culte de l'écriture, qui devient l'objet même du roman. Comme on le voit aujourd'hui chez les écrivains de POL et de Minuit. Pour moi, le renouveau du roman français ne peut passer que par une rupture avec cette obsession de ce qui est l'héritage de la prose poétique. Et Houellebecq, à qui on reproche de ne pas avoir de style, mais qui a un style très personnel, reconnaissable en une phrase, est l'illustration même de cette rupture.

Vous semblez adepte de la forme courte : nouvelles, romans relativement courts.

Mon instinct d'écrivain, c'était plutôt la nouvelle. Mais les écrivains font aussi avec les conditions littéraires de leur temps. Si la nouvelle avait la même place que le roman, je n'aurais peut-être écrit que des nouvelles. Mais cette contrainte a eu du bon, elle m'a poussé à trouver une forme romanesque personnelle, procédant par épisodes, un peu comme le roman picaresque… D'ailleurs, sauf cas très particulier, le roman long ne me semble plus guère accessible au public d'aujourd'hui. Je ne voudrais pas dire que c'est un calcul de ma part ; car de toute façon j'ai le goût de la demi-teinte, de la légèreté ironique qui va bien avec une forme elle-même légère. J'admire ce « rien de trop » que Gide aimait chez Chopin et dans l'art français.

À côté de votre production romanesque, vous avez aussi une activité d'essayiste et de chroniqueur : comment ces activités s'articulent-elles (ou non) entre elles ?

Mon époque me passionne, même quand je la déteste. J'ai envie de réagir, d'analyser. Il y a une relation entre ces deux activités, qui ne se placent pas cependant sur le même mode. L'élément dominant dans l'écriture d'un roman, pour moi, c'est la fantaisie nourrie par l'observation et l'analyse du réel. Le traitement de la réalité est beaucoup plus ludique dans un roman que dans un article. Ce qui m'inquiète un peu dans la chronique ou dans l'article, c'est le risque de tout ramener à la seule question sociale. Or l'existence ne se réduit pas aux problèmes de société. Dans le roman, un personnage permet de saisir la complexité, voire même les contradictions d'une situation en parlant aussi des bruits, des odeurs, des pensées fugaces, des hasards.

Faute de mieux, je prononce le mot d'« antimodernes ». Avez-vous le sentiment de participer à un courant, à une sensibilité antimoderne ?

Je récuse le terme « antimoderne ». La modernité sur laquelle j'ironise volontiers dans mes écrits, fictionnels et autres, c'est une modernité dogmatisée, le contraire du véritable esprit moderne. La passion de ma vie c'est l'art moderne, celui de la liberté d'esprit que l'on rencontre chez les grands créateurs du début du XXe siècle. L'avant-garde des années 1950, dans tous les arts, a académisé les élans modernes. Se moquer des « modernes », c'est une attitude moderne. C'est ce qui me rapproche d'écrivains comme Philippe Muray ou François Taillandier. Ou Houellebecq.

Ce qui pourrait former un courant ? Peut-être d'une certaine façon l'amour du roman comme lieu où on peut raconter des histoires… et pas comme table de dissection du langage. Et, comment dire… le fait de ne pas avoir la carte du club de la bonne littérature moderne encensée par une bonne partie de la presse qui fait l'opinion intellectuelle et par l'institution universitaire. C'est aussi de se voir renvoyés dans la case « réacs » parce qu'on a l'insolence de se moquer de la case « modernes ». Les modernes n'ont qu'une façon de se défendre, c'est d'inventer des « antimodernes ».

Quels sont vos écrivains de « référence » au XXe siècle ?

Dans l'actualité, je dirais : le juste succès de Michel Houellebecq a montré qu'une littérature regardant le monde, racontant des histoires, une littérature du social, écrite dans un style simple et vrai pouvait bouleverser le paysage, toucher un public et même susciter des débats à l'étranger où il a démontré que la littérature française ne s'était pas arrêtée au nouveau roman et à ses épigones.

Dans le XXe siècle, je citerai : Marcel Aymé qui a toujours été relativement mal vu par la classe littéraire, ce qui ne l'empêche pas d'être lu, – Aymé, est un exemple de style apparemment classique qui permet de construire des histoires d'une inventivité et d'une sophistication proprement inouïes… La force de Marcel Aymé c'est d'avoir, dans son observation du monde, introduit une forme de sur-réalisme, d'étrange, de fantastique. Si l'on s'en tient comme Houellebecq, comme moi, à l'observation méthodique et réaliste du réel, on risque d'arriver à une impasse, ce qui est arrivé aux réalistes à la fin du XIXe. Il faut trouver un relais dans la fantaisie, comme chez Aymé… ou Kafka, qui est allé si loin dans ce sens.

Il y a un autre écrivain que j'admire pour sa fantaisie et son regard décapant, c'est Gombrovicz, qui est un artiste moderne dans ce que la modernité peut avoir de plus libre ; *Ferdydurke* est un vrai chef-d'œuvre… Et cela nous amène à Kundera chez qui j'admire cette intégration d'un élément sur-réaliste dans un roman qui est très proche du réel. Son mariage de l'essai et du roman est magistral… je l'envie. Et inversement ses essais sont construits comme des romans : il arrive à utiliser les concepts comme des personnages de roman. Ce qui nous a rapprochés, c'est aussi une passion pour les arts dans leur totalité, et non pas une spécialisation dans la littérature seule.

Si vous deviez fournir une petite liste de lectures romanesques couvrant le dernier demi-siècle à un jeune d'aujourd'hui, *quels livres suggéreriez-vous ?*

Les Choses de Perec qui échappe à la stérilité du nouveau roman ; peu de livres nous en disent autant sur la société de leur époque.

Les trois nouvelles de Beckett de *Nouvelles et textes pour rien* où littérature d'avant-garde et humour se rejoignent – j'ajouterai *Premier amour.*

Et pour continuer : *La Pornographie* de Gombrowicz, *Le Livre du rire et de l'oubli* de Kundera, *Le Vin de Paris* de Marcel Aymé, qui n'est pas du dernier demi-siècle… mais tant pis ; *Le Hussard sur le toit*, pour son écriture fascinante (je peux aimer cela, aussi !), *Pour la plus grande gloire de Dieu* de Morgan Sportès qui est un jeu très brillant avec le concept de roman historique. *Extension du domaine de la lutte* de Houellebecq et certains romans de Philippe Jaenada ou Jérôme Leroy, sans oublier *Pacific Agony* de mon ami américain Bruce Benderson. Mais le fait d'écrire des romans courts ne m'empêche pas d'aimer aussi les romans longs : *Cent ans de solitude* de García Márquez, *Le Bûcher des vanités* de Tom Wolfe, ou certains livres d'Alison Lurie.

propos recueillis par Alain Cresciucci

Antimodernes ?
Lire Philippe Muray, Benoît Duteurtre, François Taillandier

Dans le flot ininterrompu de récits qui nous inonde, comment l'histoire littéraire fera-t-elle le tri ? Qui entrera dans le panthéon des manuels ? Qui, si les études littéraires continuent d'exister, prendra place au rang de classique – *classicus scriptor* : à la fois autorité et modèle propre à être enseigné en classe ? Qui figurera au catalogue de La Pléiade en 2050. Pour répondre à ces questions, il faudrait d'abord répondre à la question : qui en décidera ? En matière de littérature, jusqu'à présent, les professionnels de la haute caste universitaire et de la haute édition, quelques critiques (souvent liés aux premiers), beaucoup plus que tous autres acteurs du monde littéraire, ont pris en main la constitution du patrimoine. En sera-t-il longtemps ainsi, à l'heure où les animateurs et agitateurs culturels ont remplacé les commentateurs ? Faisons comme si… Et considérons ce qui se promeut aujourd'hui dans l'« ultra contemporain » chez les *lectores*.

Parmi les ouvrages les plus autorisés pour nous faire prendre la mesure de la littérature de notre temps, retenons *La littérature française au présent* [1], troisième volet, aux éditions Bordas, de cette encyclopédie littéraire du contemporain commencée avec *La littérature en France depuis 1945*, et prolongé par *La littérature en France depuis*

1. Dominique Viart, Bruno Vercier (avec la collaboration de Franck Evrard), – *Héritage, modernité, mutations*, Bordas (2005, réédition 2008).

1968. Dans le premier tome se dégageait une ligne directrice, nuancée dans l'introduction, plus affirmée à la fin, distinguant la littérature de recherche et la littérature de tradition et prenant clairement position pour la première : « Car, nous retrouvons ici, de plus en plus accentuée, la cassure que nous avons décelée entre deux littératures, celle qui prétend à la recherche et celle qui vise à la consommation. Le succès semble réservé aux seuls livres faciles, ceux qui adaptent les découvertes des autres, les transformant en recettes sans danger. »[2] Le troisième tome reprend le même présupposé et le même parti pris en opposant à une littérature « *consentante* »[3] une littérature « *déconcertante* », c'est-à-dire une littérature « qui se pense, explicitement ou non, comme *activité critique*, et destine à son lecteur les interrogations qui la travaillent »[4]. Et tout au long de plus de cinq cents pages savamment argumentées, il nous est expliqué ce que nous devons retenir du présent, et donc du futur de la littérature. À la fin, nous sont indiqués quelques classiques de demain : « Désormais, nous savons avec certitude que Pascal Quignard, François Bon, Jean Echenoz, Pierre Michon [...] parfois encore décriés il y a peu, *font œuvre* et que leurs livres resteront. »[5] Ce palmarès ne se veut pas complet ; d'autres noms – Pierre Bergougnioux, Annie Ernaux, voire Didier Daeninckx – sont presque aussi souvent cités.

Ce préambule introduit en creux notre propos. Il sera ici question d'auteurs que ce manuel « qui s'adresse autant aux universitaires, chercheurs, ou étudiants qu'aux passionnés de littérature contemporaine »[6], se contente de citer dans le chapitre consacré aux « Individualismes contemporains », sous-chapitre « Cyniques, pamphlétaires et imprécateurs » dans un commentaire teinté de condescendance et d'un rien de mépris. Quand les dernières lignes vous

2. *La Littérature en France depuis 1945*, Bordas, 1970, p. 862.
3. « C'est-à-dire une littérature qui consent à occuper la place que la société préfère généralement lui accorder, celle d'un art d'agrément voué à l'exercice de l'imaginaire romanesque et aux délices de la fiction. » *La Littérature française au présent*, Bordas, 2008, p. 11.
4. *Ibid*., p. 12.
5. *Ibid*., p. 526 (nous n'avons conservé que les romanciers).
6. Extrait de la présentation de l'ouvrage sur fabula.org.

assène : « Héritiers de Léon Daudet moquant le “stupide XIXe siècle”, vitupérant son époque et des hussards persiflant la leur, ces pamphlétaires se retrouvent dans une position paradoxale qui à la fois regrette la perte des valeurs humaines et stigmatise la démocratie qui les favorise », après avoir évoqué des « ambiguïtés politiques, éthiques et esthétiques » [7], votre destin se présente mal.

Le plus connu de ces pessimistes est Michel Houellebecq que le succès des *Particules élémentaires* a promu au rang de chef de file ; nous le laisserons de côté, à son dangereux succès médiatique, pour nous intéresser à trois auteurs qui nous paraissent illustrer une modernité romanesque, que nous pourrions qualifier avec Milan Kundera de « retour au concret » et avec François Ricard de « roman dont le lien avec l'époque et le monde actuels est fait d'un désaccord, d'un désamour, d'une désolidarisation absolus » [8] : Philippe Muray, François Taillandier et Benoît Duteurtre.

Ils n'appartiennent pas à une école ; ils sont, en cela assez proches des hussards, qui s'accordaient plus sur un certain nombre de prédilections et de détestations que par leur esthétique. Les dira-t-on antimodernes ? Le mot a retrouvé une actualité avec l'essai d'Antoine Compagnon, mais la chose reste bien confuse, dès lors qu'on peut y ranger « [n]on pas tous les champions du *statu quo*, les conservateurs et réactionnaires de tout poil, non pas tous les atrabilaires et les déçus de leur temps, les immobilistes et les ultracistes, les scrogneugneux et les grognons, mais les modernes en délicatesse avec les Temps modernes, le modernisme ou la modernité, ou les modernes qui le furent à contrecœur, modernes déchirés ou encore modernes intempestifs » [9]. Et Barthes, en particulier, qui incarna, peut-être à son corps défendant, le Moderne. Retenons tout de même dans cette très accueillante définition, les « modernes en délicatesse avec les Temps modernes, le modernisme ou la modernité » car nos trois auteurs ne se sont jamais réclamés d'un retour au passé, d'un naïf *c'était mieux avant*.

7. *La Littérature française au présent*, *op. cit.*, p. 361 et 362.
8. « Le roman contre le monde », *Liberté*, n° 243 Juin 1999. Dans cette étude, François Ricard s'appuie principalement sur Houellebecq, Muray, Duteurtre et Taillandier.
9. *Les Antimodernes*, Gallimard, « Bibliothèque des idées », 2005, p. 7.

S'ils ne se sont pas tout à fait de la même classe d'âge – Philippe Muray (1945-2006), qui a commencé sa carrière en 1968 [10], est l'aîné de ce trio dont Benoît Duteurtre (1960) est le benjamin –, ils partagent cependant un rapport à une même histoire, voire à une même fin de l'histoire. Pour éviter cette notion approximative, disons que tous trois interrogent la contradiction insoluble de notre monde : son obsession d'être autre, de liquider le vieux monde, et sa recherche obsessionnelle de l'indifférenciation. Pour mener à bien ce questionnement ils ont recours au roman et à la chronique (ou l'essai) le plus souvent polémique. Dans les deux genres, ils se livrent à une critique serrée du réel – le roman est pour eux l'art du réel, d'où leur admiration pour Balzac, modèle (il n'est pas le seul dans leur panthéon) de l'artiste *réaliste*. Tous trois assignent à la littérature romanesque une fonction capitale – ce que dit très bien Muray : « Toute la question littéraire, sous son angle critique, consiste à tenter de le redéfinir, ce *propre* du roman. Avant d'être "de la littérature", avant de dialoguer avec le reste de la littérature (catéchisme du vieux modernisme, liturgie des avant-gardes), un roman parle du monde. Et l'invente. Et le combat. Et s'en moque. Et le questionne. Et le montre. Et l'interprète. » [11] C'est pourquoi au XXe siècle, ils se réclament, à des degrés divers, d'écrivains portant un regard romanesque réflexif et ironique sur la société, notamment Marcel Aymé et Milan Kundera. Notons, au passage, que Muray utilise les mêmes mots que les auteurs de *La Littérature française au présent*, parlant d'« activité critique » et accusant, par ailleurs, certains romans contemporains d'être « des *romans de consentement*, à la façon dont ont pu l'être, en d'autres temps, et selon d'autres directives globales, des flopées de romans pieux, édifiants ou patriotiques » [12].

Dira-t-on que c'est le propre du roman de porter un regard réflexif (pour l'ironie c'est moins certain) sur la société ? C'est vrai du roman réaliste, du roman de la *condition humaine* mais les retombées directes ou indirectes des formalismes des années 1950-1970, des

10. Avec un roman – *Une arrière-saison* – publié chez Flammarion, mais retiré de sa bibliographie.
11. « L'époque et son roman », *Désaccord parfait*, Gallimard « Tel », p. 39.
12. « Roman, année zéro », *Exorcismes spirituels III*, p. 45.

mises en procès des « notions périmées », le goût des brouillages génériques et le développement des écritures de soi ont éloigné nombre de romans du souci du réel. Fascination pour l'*écriture* et/ou pour les jeux de (dé)construction générique, le roman tourne souvent à l'exercice d'école. C'est tout le contraire avec nos trois romanciers pour qui le roman est d'abord un travail de découverte d'un réel aujourd'hui masqué par la fiction médiatique et communicatrice d'un monde unifié et en voie de pacification, un monde qui a oublié la dialectique et la contradiction, qu'on essaie de nous faire prendre pour le seul et le meilleur des mondes. C'est pourquoi l'histoire, cette « notion périmée », n'est pas sans importance : un roman raconte quelque chose. Et l'on pourrait retourner la formule qui eut son petit succès à propos du nouveau roman : « Le roman n'est pas l'aventure d'une écriture mais l'écriture d'une aventure. »[13] C'est pourquoi, également, cette autre « notion périmée » qu'est le personnage est remise à l'honneur.

Philippe Muray est considéré par un lectorat peu nombreux mais passionné comme une sorte de maître à penser (rien à voir avec un Michel Onfray, qu'on se le dise !) – et par ses adversaires de même, qui en ont fait une des figures de proue des « nouveaux réactionnaires »[14]. Ce statut contradictoire s'est construit progressivement : romancier, dramaturge, essayiste (*Céline* [1981] et *Le XIX*e *siècle à travers les âges* [1984]), il s'est lancé, dans les années 1980, dans la chronique systématique de notre époque, composant au fil de centaines de micro essais, ce qu'il considère une « Comédie humaine actuelle ». Muray est essentiellement un chroniqueur (le mot n'est

13. La formule de Jean Ricardou, dans *Problèmes du Nouveau Roman*, était : « Un roman est moins l'écriture d'une aventure que l'aventure d'une écriture. »

14. Alain Finkielkraut, *Le Figaro*, 14 novembre 2002 : « Daniel Lindenberg, membre du comité de rédaction de la revue *Esprit*, vient de m'apprendre, non seulement que j'étais un fieffé réactionnaire – y a-t-il d'ailleurs des réactionnaires qui ne soient pas fieffés ? –, mais qu'avec Régis Debray, Pierre Manent, Pierre-André Taguieff, Marcel Gauchet, Philippe Muray, Maurice Dantec, Michel Houellebecq, Shmuel Trigano et quelques autres, j'avais préparé la catastrophe du 21 avril, c'est-à-dire la présence de Jean-Marie Le Pen au deuxième tour de l'élection présidentielle, et qu'en trouvant à redire à la culture de masse, à l'idéologie des droits de l'homme, à mai 68, à l'omniprésente apologie du métissage, je m'inscrivais dans la lignée de ces intellectuels qui, au temps de la peste brune, se déchaînaient contre les métèques et les valeurs de la démocratie. »

pas satisfaisant, pas plus qu'essayiste) qui s'est aussi exprimé par le roman, quand Taillandier et Duteurtre sont d'abord des romanciers ; pour eux l'essai et la chronique sont des activités annexes qui, jusqu'à présent, ne font pas œuvre.

L'œuvre de Philippe Muray prend un tour décisif à la fin des années 1980 et au début des années 1990 avec son roman *Postérité* (1988) et, surtout, la publication de *L'Empire du bien* (1991). Les entreprises se veulent complémentaires. Le but de Muray dans *L'Empire du bien* et dans les recueils qui vont suivre – *Exorcismes spirituels* (1997, 1998, 2002, 2005), *Après l'Histoire* (1999, 2000) –, n'est pas de réunir des chroniques d'humeur (publiées dans divers journaux et revues, et souvent complétées) mais de livrer une vision littéraire de son combat contre le « Moderne », qu'il considère comme sa *Comédie humaine*. Ses (micro) essais ne relèvent pas d'une écriture fonctionnelle mais d'une esthétique. Et c'est à ce point que s'établit une concurrence avec le roman. L'art romanesque ne s'est jamais interdit de faire intervenir des considérations extra-romanesques – Balzac, Aragon, Céline, et jusqu'à Houellebecq dont l'interaction avec Muray est évidente. Mais alors qu'un Kundera, dans la lignée de Cervantès, Sterne et Diderot, a parfaitement intégré, dans ses romans, la digression essayistique pour retrouver la liberté du roman pré-réaliste mais aussi par souci de réalisme (rendre au mieux l'époque et/ou le personnage), Muray s'est confronté de manière conflictuelle avec le roman. Il le considère comme un art lié à l'Histoire, c'est-à-dire comme la forme littéraire qui correspond à l'homme historique, à l'individu jeté dans le monde de l'Histoire, aux prises avec sa négativité alors que nous sommes passés du côté de la post-histoire. Dans *Postérité* et *On ferme*[15] (1998), Philippe Muray a tenté de se colleter avec la nouvelle réalité qui n'est plus celle de l'Histoire ni celle du roman. Y est-il parvenu ? Les deux romans forment un ensemble – les mêmes personnages, le même univers, non pas déshumanisé, mais post-humain, cette humanité qui file à toute vitesse vers la liquidation du vieux monde et des anciens rapports humains.

15. Le premier est publié aux éditions Grasset ; le second aux Belles Lettres. Aucun n'a été repris en « poche ».

Le premier raconte la guerre des sexes (sexualité *vs* procréation) qui oppose hommes et femmes dans le décor d'une maison d'édition (BEST) vouée aux plus totales compromissions. Le second poursuit l'histoire de ces personnages du microcosme intellectuel parisien ; le narrateur, en vacances dans une Provence ravagée par les feux de forêts, tente de terminer un roman. C'est dans ce second volet que la recherche d'une voie nouvelle où se fondraient le conceptuel et le romanesque est vraiment mise en œuvre. Michel Houellebecq l'a pratiquée dans *Extension du domaine de la lutte* et *Les Particules élémentaires*, Muray lui a donné un souffle et une verve où se retrouvent les influences de Rabelais, Balzac et, surtout, Céline – le Céline de *Féerie pour une autre fois* –, récit emblématique d'une apocalypse, cette fois transposée dans le Midi de la France soumis plus encore à la tyrannie de la Fête qu'aux incendies. Le narrateur sait que son travail est voué à l'échec car il est seul de son espèce en un temps de détresse où Homo Festivus est le maître, imposant ses délires festifs, ses persécutions tatillonnes, son culte du Bien qui ne supporte plus aucune négativité. Si l'incendie qui embrase le Midi offre un cadre fictionnel – comme la guerre chez Céline –, le texte est truffé non seulement de maximes mais de digressions sur le « désir de punir », le matriarcat triomphant, l'infantilisation du monde, la télévision, l'art contemporain… soit réflexions du narrateur soit discours intégrés dans des scènes romanesques dialoguées. Avouons que cette abondance d'indices ou de développements réflexifs peut brouiller la fiction – ce reproche a parfois été fait à *Voyage au bout de la nuit* – et faire du roman le lieu d'un débat trop explicite. Mais c'est le choix délibéré de Muray. Comme il est également de son choix de faire entrer le roman en résonance avec les essais qui, eux, sont construits non pas comme des romans mais suivant une (ou des) dominante(s) thématique(s). Ainsi, *L'Empire du Bien* tourne-t-il autour de « Cordicopolis », *Après l'Histoire* voit la naissance d'« Homo Festivus » – ce « personnage conceptuel » – comme les *Exorcismes spirituels II* gravitent autour des « Mutins de Panurge ». On comprend que certains puissent considérer l'ensemble des écrits de Muray comme un seul texte (le mot ne lui aurait pas plu !) sous des formes différentes voire comme un grand roman : « … ce livre immense qui aura pu adopter tour à tour la forme de la fiction (*On ferme*), celle de la poésie (*Minimum respect*), de l'entretien (*Festivus Festivus*) mais également – surtout peut-être – celle du texte ciselé, de l'essai de société, du libre commentaire d'actualité. »[16]

Taillandier et Duteurtre sont des romanciers « réalistes ». Le qualificatif est approximatif si on l'entend seulement au sens d'imitation du monde réel, de culte du détail vrai. Leur réalisme se marque aussi par l'introduction dans le monde de la fiction de considérations non romanesques – politiques, sociologiques... mais rien à voir avec ce qu'on nommait la littérature « engagée » –, qui leur mérite l'appellation, plus juste, de réalistes critiques. Ils introduisent le monde réel dans le monde du non sérieux (de la fiction) et c'est bien pourquoi ils reconnaissent en Kundera leur modèle le plus contemporain.

Exemples : Benoît Duteurtre a donné, en 2000 une nouvelle version de son roman, *Les Vaches*, paru en 1987, retitré *À propos des vaches*. À la première version il a ajouté un préambule : « La question de la vache », réflexion sur « l'animal de seconde classe » dans notre monde post-industriel (revenant sur le scandale de la « vache folle ») et dans la littérature, et un postlude : « Après les vaches », méditation sur la disparition de la campagne. Certes, il s'agit là d'une reprise de thèmes et la dimension essayistique n'est pas intégrée à la narration romanesque, comme a su l'orchestrer Kundera dès *La Plaisanterie*. Dans ses œuvres postérieures, Duteurtre s'est appliqué à associer fantaisie fictionnelle et digressions essayistiques, soit en prenant appui sur une situation qu'on pourrait dire objective – ainsi, la déshumanisation des relations par le développement des *hot lines* téléphoniques (*Service clientèle*), soit en assemblant des nouvelles d'apparences disparates, du fantastique au quasi reportage, mais qui participent d'une même vision du monde, comme dans *Drôle de temps*. Ce qui donne à ses fictions une allure réaliste-fantastique, entre Kafka et Marcel Aymé.

Chez Taillandier, citons *Des hommes qui s'éloignent*, modèle de roman polyphonique, histoire de quatre amis qui se réunissent dans les bistrots du quartier Saint-Lazare. Pourquoi Xeni, le plus paradoxal de tous – donc le plus romanesque – s'est-il suicidé ? Le roman

16. Benoît Duteurtre, *Marianne*, 11 mars 2006.

ne le dit pas, ne le sait pas. Malgré les conversations, pourtant à cœur ouvert, rien ne permet de saisir la personnalité intime de chacun. Ce qui met à mal à la fois l'illusion d'un monde de la transparence et d'une littérature de l'exhibition du moi. Mais ce qui nous intéresse, ici, c'est que le roman se construit sur des digressions critiques, portées par les personnages (et les plus antidoxiques, par Xeni, bien évidemment) : critique du « moderne », touristification du monde, tyrannie de la publicité, « nostalgie de l'idylle d'un monde bienveillant et révolu »... et sur de petites fictions en forme de reportages racontant d'énigmatiques destins.

Autant Muray s'empoigne brutalement avec son époque, autant Duteurtre lui fait front en douceur, avec une ironie méthodique et discrète, en mode mineur par rapport aux emportements murayiens. Depuis 1985 (*Sommeil perdu*) jusqu'à *La Cité heureuse* (2007), il poursuit son exploration du contemporain, romanesque essentiellement, mais aussi essayistique (*Requiem pour une avant-garde*, *Le Grand Embouteillage*) et journalistique (*Ma belle époque*). Le héros de Duteurtre est un peu picaro (le plus souvent bourgeois), un peu Candide, mais il n'est pas aventurier, ni vraiment naïf. Ce n'est pas non plus Bardamu de *Voyage au bout de la nuit* car, pour lui, « la vérité de ce monde [ce n'est pas] la mort » mais la dérision ; de là, la tonalité humoristique matinée d'absurde de ces fictions. Ce monde n'a plus la force d'être tragique car il s'est appliqué à écarter la négativité (comme chez Muray, on est passé de l'autre côté de l'Histoire) et à célébrer un culte irréfutable, celui du Bien et du Progrès réunis. Mais l'humour relève avant tout du point de vue sur le monde. Dans la lignée de Kundera, l'humour chez Duteurtre signale « le monde dans son ambiguïté et l'homme dans sa profonde incompétence à juger les autres »[17].

Que les choses ne soient pas simples, que les rouages grincent pour qui veut bien les entendre, que l'harmonie ne soit pas si universelle à qui veut bien y regarder de près, voilà ce qui permet le roman. En une vingtaine d'années, Duteurtre a exploré les non-dits de notre condition moderne avec la plus rigoureuse des fantaisies. Commençant dans le sous-genre roman de formation (des *Vaches* à *Tout doit disparaître*),

17. Milan Kundera, *Les Testaments trahis*, Folio, p. 45.

donc au plus près du roman mimétique, il a continué avec des fables sociologiques démontant l'envers du conformisme à la mode (*Gaieté parisienne*, *Les Malentendus*, *La Rebelle*) pour aborder ensuite au réalisme-fantastique (*Service clientèle*, *La Petite Fille et la cigarette*, *La Cité heureuse*)[18]. Bien entendu, le mouvement de l'œuvre n'est pas si impérieux que ce découpage, qui a le mérite de montrer la cohérence d'un projet qui a, lui aussi, des allures de Comédie (de mœurs) humaine.

Duteurtre n'est pas un imprécateur – il est pertinent que les rééditions de ses livres en Folio soient décorées de dessins de Sempé, cet élégant satiriste –, il égrène méticuleusement les impostures et les dérives du Moderne. Au presque hasard : la défiguration du paysage déguisée en aménagement (*Zone nature protégée*, *Chemins de fer*), les inconséquences absurdes et cocasses du progressisme branché (*Les Malentendus*, *La Rebelle*), les nouvelles tyrannies – informatisation des échanges (*Service clientèle*), judiciarisation et infantilisation de la société (*La Petite Fille et la cigarette*), transformation du monde en parc à thèmes (*La Cité heureuse*). Il excelle à pousser à bout, par une démonstration précise, le chemin infernal des bonnes intentions et les contrecoups logiques d'un bogue technologique ou culturel : un jeune bobo de Sciences Po, animateur d'un cercle de réflexion sur les droits des immigrés, se fait dépouiller par trois *racailles* ; un cadre stressé avant un rendez-vous important entre dans une sanisette Decaux ; dans le monde de l'enfant-roi un quadragénaire bien tranquille enfreint la loi anti-tabac. Trois situations de départ (*Les Malentendus*, *Dans la sanisette*, *La Petite Fille et la cigarette*) développées dans de brefs romans (nouvelle, pour le second titre) écrits dans une langue sans fioritures.

Car Duteurtre défend le style contre l'écriture. Il reproche au roman français de mettre en avant la virtuosité d'expression. Selon lui, « [l]es conflits littéraires de la fin du XIXe siècle résument la double aspiration de la littérature vers le culte du verbe et l'effacement du verbe »[19]. En littérature, les différentes avant-gardes ont choisi la forme et ont imposé l'idée qu'un roman, c'est une écriture. Il

18. Sur l'itinéraire romanesque de Duteurtre, voir l'entretien, p. 141-147.
19. « Le style et l'écriture », repris dans *Ma belle époque*, Bartillat, 2007, p. 262.

propose une définition plus large du style qui « englobe, dans sa totalité, le monde d'un romancier et les registres de son art : son écriture, mais aussi son imaginaire, sa pensée, ses histoires, ses personnages ; un style comme façon d'être en littérature, moins caractérisée par ce "supplément de plume" que par l'esprit tout entier d'une œuvre »[20]. Le génie de Balzac ou de Kafka ne tient pas à des qualités de pure forme mais à la puissance de l'expérience du monde qu'ils traduisent – Jacques Laurent disait à peu près la même chose de Stendhal. Ce qui explique que certains romanciers de style « modeste » ont mauvaise presse parmi les élites – Marcel Aymé en est une bonne illustration. Dans « Une phrase », réflexion sur la traduction de Kafka[21], Kundera montre que les traducteurs ont tendance à sur-traduire, à faire preuve de « virtuosité » en évitant mots pauvres et répétitions, et donc à trahir l'œuvre. Duteurtre se voit parfois reprocher une écriture trop banale ; il considère, lui, qu'elle répugne aux effets de ce qu'il nomme la « prose poétique » et privilégie l'histoire, qui n'est pas une notion périmée.

Un article du magazine *Lire* (mars 2006) présente ainsi François Taillandier : « Au-dessus de son bureau, François Taillandier a posé trois photographies d'écrivains. Balzac, Edmond Rostand et… Henri Vernes, le créateur de Bob Morane, peu habitué à figurer au côté des monstres sacrés de nos lettres françaises. Mais ce sont ces trois-là qui ont décidé de la vocation de romancier de François Taillandier. Vernes, pour le "miroitement du monde" : "En quatre lignes, il faisait surgir des horizons lointains. À douze ans, quand j'ai découvert cette photo de lui tapant à la machine, j'ai tout de suite su que c'était ce que je voulais faire plus tard." Edmond Rostand, le père de Cyrano, pour le "jeu verbal" : "C'est lui qui m'a appris qu'on pouvait se servir du langage de manière artificielle." Et Balzac, enfin, pour la "puissance romanesque". »

Une douzaine de romans, auxquels s'ajoutent des chroniques (*La Montagne*, *L'Humanité*, *L'Atelier du roman*), des essais – monographies comme : *Aragon 1897-1982, quel est celui qu'on prend pour*

20. *Ibid.*, p. 258.
21. *Les Testaments trahis*, Folio, p. 121-147.

moi ?, *Borges, une restitution du monde*, *Balzac* – ou réflexions sur le monde tel qu'il est : *Les Parents lâcheurs*, *Une autre langue*, *Ce monde-là* –, composent un ensemble protéiforme auquel il est impossible, aujourd'hui, de fixer des contours définitifs.

Taillandier est d'abord un romancier. Son œuvre romanesque commencée en 1984 avec *Personnages de la rue du couteau* se poursuit, aujourd'hui, par un projet, disons par facilité, balzacien : *La Grande Intrigue*. Il serait arbitraire de prétendre, à toute force, assigner une ligne directrice, sinon cette idée que Taillandier est un écrivain du concret ; et cela est sensible jusque dans ses essais et chroniques où il s'applique à montrer comment notre époque parle d'elle-même, c'est-à-dire de quelle manière elle nous informe sur le nouveau réel. Dans ses romans, il ne conduit pas une classique entreprise de dévoilement : dire cela laisserait à penser qu'il nous donne des solutions. Or ce qui est au cœur de la fiction de Taillandier, c'est le mystère. Parfois sous sa forme la plus explicite du roman policier comme dans le très balzacien *Les Clandestins* (1990). Le romancier n'a pas à livrer le fin mot de l'histoire, que d'ailleurs il ignore, seulement à rendre sensible le problème. L'incipit de *Des hommes qui s'éloignent* est l'exergue idéal : « Que se passe-t-il ? Que se passe-t-il vraiment ? » C'est la question essentielle. Que se passe-t-il dans notre société fin et début de siècle ? Que se passe-t-il dans nos langages ? Que se passe-t-il en chacun de nous ?

Anielka (1999) raconte la morne « ballade d'une fille paumée », cette histoire appartient au fonds le plus rebattu du romanesque ; son intérêt réside dans le regard – le point de vue du narrateur – qui explore, au travers de ce cas particulier, l'énigme de toute vie humaine. Taillandier n'est pas un pessimiste. Ses romans montrent des gens qui, chacun à leur manière, souvent douloureuse, maladroite, affrontent le problème. Au commencement d'*Anielka*, cet aveu : « Enfin, on ne raconte jamais que ce que l'on n'a pas compris, que ce qui est obscur. Toute tentative de récit est la réponse au sentiment de désordre et de menace qui procède de l'incertitude. » Et les derniers mots : « Oui, je comprends, enfin je crois, il me semble, il me semble que je comprends. » [22]

22. *Anielka*, Stock, p. 27 et 313.

Le Cas Gentile (2001) approfondit cette thématique. On ne comprendra jamais le « cas » de ce pompier modèle (il a sauvé le Saint Suaire des flammes) qui un jour a détruit des panneaux publicitaires. L'explication par la dépression n'a aucune valeur ; il est bien évident qu'il faut souffrir de dépression pour se livrer à des exactions symboliques, pour perdre le contact avec la *réalité*. La force du roman est de nous montrer en suivant la dérive du personnage, en suivant aussi les êtres qui s'attachent à lui – un prêtre, un syndicaliste, une journaliste – l'itinéraire d'un homme en souffrance mais qui, et c'est là l'expression de l'humanisme de Taillandier, finit par s'en sortir, non pas en comprenant rationnellement mais en accueillant comme une faveur, qui ne se reproduira plus, la révélation de « l'acquiescement, peut-être tout simplement de soi-même à soi-même ». Alors le narrateur tire la leçon ironique de cette histoire : « Ceux qui liront ces pages se sentiront-ils frustrés des éclaircissements ou des révélations qu'ils attendaient peut-être ? Nous leur ferons une confidence : nous n'en savons pas davantage. [...] L'avouerons-nous ? Cette relative ignorance nous enchante. » [23]

Depuis, François Taillandier s'est lancé dans une autre entreprise : une fresque romanesque, une saga, un roman fleuve, abandonnant les cas individuels, le temps restreint, pour passer à la longue durée. Des cinq volumes de *La Grande Intrigue* – onze chapitres par tome, explorant 55 années de la société française, de 1955 (date de naissance de l'auteur) à 2010 (55ᵉ anniversaire) –, trois sont déjà parus. Cette fresque du cinquantenaire a l'ambition de continuer les interrogations des romans précédents mais en espérant, cette fois, apporter des réponses. Partant de l'hypothèse que le Temps est arrêté, mais que d'ici 2010 cette imposture s'effondrera, Taillandier se propose d'écrire son *envers de l'histoire contemporaine*. On voit qu'à la différence de Muray, pour qui l'humanité a basculé dans la post-histoire et pour qui ce bouleversement est irréversible – c'est pourquoi il ne reste plus, dans une prose apocalyptique, qu'à la ridiculiser –, Taillandier garde un optimisme mesuré, c'est-à-dire critique.

23. *Le Cas Gentile*, Stock, p. 222.

Dans une époque qui a liquidé les Idéologies et, plus largement, une bonne partie des pratiques culturelles anciennes comme expression du Mal, on n'aura pas, avec Muray, Duteurtre et Taillandier, l'argument de la connivence idéologique que l'on a avancé avec les hussards. Plutôt un esprit de famille – défiance envers les modes, dénonciation intransigeante des *avancées* du nouveau monde, certaine idée de la littérature –, renforcé par le soutien d'un lectorat qui ne fait pas forcément partie des autorités intellectuelles et l'attention de quelques commentateurs – François Ricard, Lakis Proguidis et *L'Atelier du roman*. Enfin, tous les trois partagent la stupeur que provoque l'extravagante célébration d'un Présent autoritaire et abstrait, qui ne célèbre plus le passé que dans les musées et les devoirs de mémoire, et pense imposer un lendemain qui chante en proclamant le triomphe indiscuté du Bien.

Alain Cresciucci

Le roman français contemporain vu d'Outre-Manche

Les rapports littéraires entre la France et l'Angleterre ont évidemment existé de longue date. Au XXe siècle, après la première guerre mondiale au cours de laquelle un grand nombre de personnalités littéraires britanniques ont combattu sur le territoire français, les rapports se sont accentués avec l'expansion d'un public francophone cultivé, se déplaçant souvent en France, surtout à Paris. En même temps, on constate dans la période de l'entre-deux-guerres le développement de programmes scolaires, la création et la prolifération de programmes universitaires de littérature française, qui ont commencé avant 1914 au King's College de Londres. Ces développements se voient soutenus par le monde de l'édition et la traduction presque instantanée d'œuvres françaises contemporaines : la première traduction de *Voyage au bout de la nuit*, de Céline, par exemple, celle de son ami britannique John Marks, paraît en 1934.

Après la deuxième guerre mondiale la situation évolue. Le système universitaire connaît une expansion assez importante, surtout dans les années 1960, avec des programmes de français, et surtout de littérature française, constitués par les programmes scolaires et appuyés par un monde de l'édition scolaire relativement nouveau. Avec l'arrivée en masse d'une nouvelle génération de bacheliers et surtout de licenciés spécialistes de littérature française, on constate un changement dans les rapports entre ce nouveau public quasi-spécialiste, qui se destine, en grande majorité, à l'enseignement, soit secondaire, soit supérieur, et le public cultivé traditionnel. Cela coïncide avec des changements dans les pratiques de lecture, voire des loisirs en général, et va se révéler comme une longue crise de l'édition.

Cet article se propose d'explorer quelques aspects des perceptions britanniques de la littérature française, plus particulièrement du roman, dans la seconde moitié du XXe siècle en se fondant sur les relations entre le lecteur cultivé et le roman français, dans lesquelles la presse littéraire, le monde de l'édition et le monde de l'enseignement et de la recherche littéraire universitaire jouent un rôle essentiel.

En ce qui concerne le lecteur cultivé, qui coïncide souvent évidemment avec le lecteur professionnel ou universitaire, le journal littéraire de référence est *The Times Literary Supplement* (TLS), hebdomadaire issu du quotidien *The Times*. Ce supplément, spécialisé dans les comptes rendus érudits d'œuvres pour la plupart universitaires, nous permet de proposer une image de la littérature française vue de Grande Bretagne. Il importe de préciser que ces articles, anonymes jusqu'aux années 1980, s'appuient surtout sur des œuvres critiques et très peu sur les textes originaux eux-mêmes, ce qui rend compte des préoccupations des historiens et des critiques littéraires de l'époque, en même temps que cela nous fournit un recensement des auteurs français contemporains les plus cotés. En consultant les pages littéraires du quotidien *The Times*, on constate une nette prépondérance de comptes rendus d'histoires littéraires, souvent originaires d'Outre-Atlantique, mais très peu de réflexions sur des romans. Dans la période 1957-1964, par exemple, on relève deux exemples seulement : un accueil assez froid des *Mandarins* de Simone de Beauvoir (« une chronique fictive méticuleuse mais sans inspiration d'un passé très récent » [1]), et un article plus enthousiaste sur *Tropismes* et *L'Ère du soupçon*, de Nathalie Sarraute [2]. En revanche, les histoires littéraires sont beaucoup mieux représentées : *An Age of Fiction*, par Germaine Brée et Margaret Guiton – sur des romanciers « engagés », Malraux, Mauriac, Sartre et Camus (25 juin 1958), *A Concise History of French Literature*, par Germaine Mason (16 avril

1. « *Les Mandarins* », *The Times*, 21 février 1957.
2. *The Times*, 13 février 1964.

1958), et *The Intellectual Hero*, par Victor Brombert, à nouveau sur la littérature « engagée » (17 mai 1962). On trouve aussi un article célébrant le rôle du critique Rayner Heppenstall, qui aurait « facilité l'acclimatation des écrivains et des idées français sur le sol britannique » (12 décembre 1963), et un autre qui souligne l'importance de la radio, en l'occurrence de la BBC, comme moyen de transmission de la culture française en Angleterre[3].

Une comparaison avec le *Times Literary Supplement* montre la même domination des œuvres critiques sur les œuvres originales, et permet un recensement plus détaillé des auteurs français les plus estimés des Britanniques des années 1959-1980 puis de la décennie 1980-1990. Dans la première période, on relève d'abord la prépondérance des auteurs définis comme « philosophiques » dans le sens le plus large, qui sont presque tous des écrivains issus de l'écurie *NRF*, et qui ont conquis leur réputation, ou tout au moins commencé leur carrière, dans l'entre-deux-guerres... et même avant. Ainsi, on relève trois références à Montherlant, quatre à Mauriac, une seule à Bernanos, sept à Malraux ; vingt articles sont consacrés à Sartre, dix à Camus, et un seul à Simone de Beauvoir, contre sept à Simone Weil.

À partir des années 1960, et surtout des années 1970, on constate la présence des nouveaux romanciers, mais pas dans des proportions considérables, malgré l'enthousiasme du directeur-adjoint du *TLS*, John Sturrock : un article seulement sur Robbe-Grillet, trois sur Claude Simon et deux consacrés à Michel Butor. Le profil du roman français qui ressort de ces statistiques est donc conforme à une histoire littéraire bien connue où le nouveau roman est perçu comme le successeur, dans une chronologie linéaire, de la littérature engagée des années 1930 et des années 1940. Le reste de la production romanesque est quasiment exclu : un seul article sur Queneau ; aucune allusion aux « hussards », ni à Marcel Aymé, ni à Boris Vian. Rien également sur Julien Gracq, sur le jeune Le Clézio, et le jeune Modiano, sur Tournier... sans parler des auteurs plus populaires, tels Françoise Sagan ou Henri Troyat. Autrement dit, l'histoire littéraire française vue d'Outre-Manche dans la période 1950-1980 fait preuve

3. « Notes on Broadcasting : Culture with a Small "c" », *The Times*, 11 janvier 1964.

d'un conformisme assez étroit, qui correspond en grande partie aux manuels scolaires français. Seules exceptions : neuf articles consacrés à Céline, et cinq à Simenon.

Dans la décennie qui suit cette première période se profile cependant une évolution : diminution des références à Mauriac (deux), Malraux (un), Camus (deux) et même de Sartre (huit, contre vingt dans la période précédente), avec une montée très nette de Simone de Beauvoir (huit articles en dix ans contre un seul dans les trente ans précédents). Par contre on constate un recul du nouveau roman (un seul article consacré à Simon, Sarraute et Duras chacun). Céline, lui, réussit à maintenir sa position, avec quatre articles, tout comme Simenon (trois références), mais Marcel Aymé, les « hussards » et Queneau restent absents, tout comme Modiano, Le Clézio, Gracq et Tournier.

Ce qui déçoit, dans ce recensement, c'est non seulement la relative pauvreté de la représentation du roman français contemporain dans le premier journal littéraire britannique, mais la schématisation et la restriction du choix des auteurs analysés, restriction que reflète, évidemment, non seulement une certaine perception éditoriale mais aussi la production de l'histoire et de la critique littéraires de l'époque.

Cette carence est d'autant plus décevante que, dans les premières décennies du second demi-siècle quelques éditeurs britanniques, soutenus par leurs confrères nord-américains, ont beaucoup fait pour diffuser la littérature française contemporaine. Au premier rang se trouve l'éditeur indépendant John Calder, qui a débuté en 1949 avec une liste de classiques où se rencontraient Goethe, Tolstoï et Dostoievski. Au moment de la campagne anti-communiste du sénateur MacCarthy aux États-Unis, il réussit à accueillir des auteurs américains « libéraux » et devenus suspects aux éditeurs new-yorkais. Peu après, il allait se faire un nom en publiant des traductions de la jeune littérature française, largement centrée sur le nouveau roman. Partant de Beckett, dont il a publié tous les romans, il a édité ensuite Robbe-Grillet, Marguerite Duras, Claude Simon, Nathalie Sarraute et Robert Pinget[4].

4. Voir : <http://www.oneworldclasscis.com/uk/Calder1.htm>.

À la même époque, d'autres éditeurs indépendants ont continué à publier des traductions anglaises de romans français contemporains. Signalons Hamish Hamilton, éditeur de Sartre et de Camus, comme de la trilogie de Céline, ou Weidenfeld and Nicolson, spécialisés, eux aussi, dans la publication de traductions d'auteurs français, y compris *Clotilde* de Cecil Saint-Laurent. Cette opération éditoriale a été renforcée par l'édition de poche, surtout les Penguin et Fontana, qui ont permis l'accès du grand public à la littérature romanesque française contemporaine. Signalons surtout la série « Penguin Modern Classics » – qui a assuré un grand succès commercial aux *Chemins de la liberté* de Sartre, bâti sur la popularité d'une série dramatique télévisée –, où se côtoyaient des romans de Gide, de Malraux et de Camus, et leur « série noire » de romans policiers où figurait presque toute l'œuvre de Simenon. Leur collection non-fiction, « Pelican », a même accueilli, dès 1954, une histoire de la littérature française, qui demeure un guide fiable pour toute la littérature française, y compris le roman de l'après-guerre[5].

Malgré leur prédilection pour l'itinéraire « littérature engagée »-« nouveau roman », ces éditeurs indépendants ont assuré une représentation beaucoup plus variée du roman français contemporain que les pages des journaux littéraires. Cependant, avec la concentration de la presse à partir des années 1980, le monde de l'édition britannique, plus encore que son homologue français, s'est vu absorbé dans de vastes conglomérats internationaux qui ont limité sévèrement les initiatives des éditeurs indépendants, au désavantage des rapports littéraires réciproques.

Il est évident que, bien qu'une grande partie de cette production éditoriale, comme un fort pourcentage des articles dans les publications littéraires, aient visé un grand public cultivé, ils ne se sont nullement coupés des milieux scolaires et universitaires professionnels. En ce qui concerne les programmes universitaires et, éventuellement, les

5. Voir Geoffrey Brereton, *A Short History of French Literature*, Penguin, 1954. Il est intéressant de noter que figurent sur la couverture des portraits de Montaigne, de Voltaire, de Zola et de Sartre.

programmes scolaires, il importe de rappeler que le système pédagogique britannique a toujours été beaucoup moins centralisé que son homologue français, jouissant d'une autonomie assez large aussi bien au niveau des universités que dans le secondaire. Il importe aussi de souligner que, à la fin de la deuxième guerre mondiale, une partie importante du personnel enseignant dans le supérieur comme dans le secondaire, était d'origine française, et que ce professorat suivait naturellement les programmes français dont ils avaient eux-mêmes bénéficié. Dans les premières années de l'après-guerre donc, et même jusqu'aux années 1960, on constate un développement parallèle des études littéraires françaises dans les deux pays, à l'aide souvent des mêmes manuels : Lagarde et Michard, Castex et Surer, etc., et des mêmes collections de textes scolaires publiés par Bordas, Larousse et Hachette. Pas de clivage possible donc entre la perception française et britannique de la littérature.

Il faut aussi insister sur le fait que les études de la littérature et de la langue française furent fondées dès l'origine, au début du XXe siècle, sur les programmes des lettres anciennes, où la connaissance de la langue était considérée comme un simple outil, indispensable certes, à la connaissance d'une culture et, surtout, d'une littérature, mortes. C'est pour cette raison que presque toutes les universités britanniques – dominées en grande partie par Oxford, Cambridge, les grandes universités civiques anglaises (Birmingham, Manchester, Leeds), les grandes universités écossaises (Aberdeen, Édimbourg, Glasgow) et particulièrement par l'université de Londres, qui patronnait une vingtaine d'universités anglaises qui n'acquirent leur indépendance qu'en 1948 – ont adopté approximativement le même modèle pour leurs programmes de français, c'est-à-dire un parcours qui évitait la littérature contemporaine pour s'appuyer sur celle des siècles passés. Avant 1960-1970 donc, presque tous les programmes littéraires français universitaires au Royaume-Uni s'arrêtaient en 1945 au plus tard ; Proust ou Valéry étaient, en règle générale, considérés comme les auteurs les plus récents.

Il existait, cependant, la possibilité pour des professeurs, à titre individuel, de proposer des cours facultatifs qui complétaient le programme central. C'est ainsi que, au cours des années 1960 et 1970, un professorat, souvent jeune, mais surtout dans les nouvelles universités de Lancaster, Sussex et Warwick, ont su s'échapper du programme canonique pour enseigner des auteurs plus contemporains : les auteurs « engagés » des années 1940-1950, tout particulièrement Sartre et Camus, et les nouveaux romanciers, le tout alimenté par des œuvres de critique d'auteurs britanniques et américains, tels John Cruickshank sur Camus et le roman « philosophique » ou Philip Thody sur Camus et Sartre. Au cours des années 1980 et 1990, la littérature « engagée » est devenue, à son tour, canonique, avant que d'autres courants, entre autres la littérature féministe et la littérature francophone, ne viennent prendre sa place.

Deux facteurs, d'abord dans l'enseignement secondaire puis dans l'enseignement supérieur, ont compliqué la perception britannique du roman français. À partir des années 1970, on a commencé à relever, dans le secondaire, des faiblesses croissantes dans la maîtrise linguistique des élèves, qui se sont inéluctablement répercutées au niveau universitaire. Cela a contraint à un choix de textes plus accessibles au niveau de la langue française. Ces défaillances dans la maîtrise linguistique ont coïncidé avec une décroissance marquée, parmi les élèves du secondaire et les étudiants, de l'intérêt pour la littérature et la faveur grandissantes de matières plus « rentables ».

C'est ainsi que les programmes scolaires et universitaires de français ont basculé vers l'enseignement de la vie sociale et politique, au détriment de la littérature, suivi ensuite par un essor considérable de l'enseignement du cinéma. Un des résultats de ces changements dans les programmes a été, dans le domaine littéraire, une préférence pour des textes romanesques qui, malgré leurs qualités littéraires, mettaient manifestement en avant des aspects politiques ou sociaux de la France contemporaine. D'où une perception de la littérature française souvent basée sur des textes relativement mineurs dans lesquels le contenu social prime sur les qualités intrinsèques.

Cette évolution des études littéraires françaises se voit clairement reflétée dans les manuels scolaires et universitaires qui l'ont accompagnée, en l'occurrence deux séries très importantes : les « Twentieth-Century French Texts », édités par la maison Methuen, qui proposaient les textes de divers auteurs français du XXe siècle avec un appareil critique, et les « Critical Guides to French Texts », édités par la librairie Grant and Cutler, qui se présentaient comme des guides pour des textes français de toutes les époques destinés à des étudiants de l'équivalent du niveau baccalauréat et surtout de la licence.

Dans le domaine romanesque français de la seconde moitié du XXe siècle, un recensement des textes pris en compte dans ces deux séries fournit un aperçu aussi important que le recensement des comptes rendus du *TLS*. En ce qui concerne la série Methuen d'abord, il faut rappeler qu'elle a connu deux étapes : la première, qui s'étend de 1962 jusqu'en 1974 ; puis une nouvelle série qui recommence, sous la direction de John Flower, et qui domine les années 1980. Pour l'après-guerre, la première série comprend *L'Étranger* et *La Peste*, de Camus (tous les deux édités en 1962 et qui figurent, comme tous les autres textes, aux programmes du baccalauréat britannique), *Moderato Cantabile* et *Le Square* de Duras, édités en 1971 et en 1974, avec *Autour de Martin* de Robert Pinget (1971), *Un balcon en forêt* de Gracq (1969) et *Les Fleurs bleus* de Queneau (également de 1971). Pour la deuxième série, nous trouvons toujours un nouveau romancier : Robbe-Grillet, dont *Le Rendez-vous* a paru en 1987, mais l'évolution est nette vers des sujets plus « concrets », avec *Élise ou la vraie vie* de Claire Etcherelli (1985) et *La Place* d'Annie Ernaux (1987), auxquels s'ajoutent *Une mort très douce* de Simone de Beauvoir (1986), *La Dentellière* de Pascal Lainé (1981), *Destins* de Mauriac (1983), *Un jeune homme seul* de Roger Vailland (1985) et *Ô pays, mon beau peuple* de Sembène Ousmane (1986)[6]. Tandis que la première série est fondée sur la formule connue « littérature engagée et nouveau roman », la seconde est plus diversifiée, avec des avancées vers la société contemporaine, le féminisme et la francophonie, mais également la récupération d'auteurs un peu « oubliés » tels Mauriac ou Vailland.

En ce qui concerne les guides universitaires de Grant and Cutler, qui reflètent très bien certains aspects des programmes de licence, le profil reste assez comparable, avec des études sur *La Modification* de Butor, une forte implantation de Camus – avec trois études consacrées à *L'Envers et l'endroit* et *L'Exil et le royaume*, à *L'Étranger*

6. Les dates entre parenthèses sont celles de l'édition britannique.

et *La Chute*, et à *La Peste* – et de Duras avec trois études – *Moderato Cantabile* et *Le Ravissement de Lol V. Stein* et *L'Amant*. On trouve également *Élise ou la vraie vie* de Claire Etcherelli, deux textes francophones, *L'Aventure ambiguë* de Cheikh Hamidou Kane, et *Une vie de boy* et *Le Vieux Nègre et la médaille* d'Oyona, *Zazie dans la métro* de Queneau (sans doute pour des raisons linguistiques); *Bonjour tristesse* de Sagan; et deux nouveaux romanciers, Nathalie Sarraute, avec *Portrait d'un inconnu* et *Vous les entendez?*, et Claude Simon avec *Histoire*. Ainsi, dans les programmes universitaires aussi bien que dans les programmes du secondaire, on constate un consensus assez étroit dominé par Camus et le nouveau roman, avec une présence assez marquée de la francophonie, de la littérature populaire et de la littérature sociale. Il est évident que dans les programmes du secondaire, comme dans les premières années des programmes du supérieur, l'image du roman français de l'après-guerre qui se dessine en Grande Bretagne ne contredit pas vraiment le programme canonique français, sauf dans son utilisation de la littérature comme moyen d'exploration du domaine extra-littéraire, comme c'est le cas avec Annie Ernaux ou Claire Etcherelli.

Pour conclure, revenons cependant aux années 1970 et aux critiques et historiens littéraires britanniques, américains et australiens, qui ont joué un véritable rôle de pionniers dans la perception de la littérature française. Il n'est pas sans signification que ces chercheurs ont été parmi les premiers présents lors des colloques de Cerisy et que des spécialistes comme Stephen Heath ont contribué largement à l'élaboration théorique du genre nouveau roman. Ce rôle est encore plus marqué en ce qui concerne la représentation de la période 1940-1945, où les historiens littéraires britanniques et autres, s'inspirant de l'exemple de l'historien américain Robert O. Paxton, ont commencé à explorer une littérature romanesque toujours assez controversée en France, et pour cette raison souvent occultée; ce qui les a menés, par exemple, aux romans et aux scénarios de Patrick Modiano sur l'Occupation, à Marcel Aymé et aux « hussards ». Ce n'est pas par hasard que la Société des études céliniennes a été fondée en 1975 à Oxford, lors d'un colloque auquel ont participé un grand nombre de chercheurs britanniques, américains, canadiens et australiens. C'est justement pour cette raison que, malgré des parallèles très étroits entre les histoires littéraires françaises en France et dans le monde anglo-saxon, des chercheurs non-français ont souvent pu bénéficier d'une liberté professionnelle pas toujours accordée à leurs collègues français pour une multiplicité de raisons, souvent hiérarchiques, pour *racheter* des auteurs « perdus » et pour accueillir des auteurs nouveaux, comme dans les cas de Perec et de Pennac, qui, depuis, ont trouvé pleinement leur place dans les programmes français.

Nicholas Hewitt

Petite bibliothèque buissonnière

La date entre crochets est celle de la parution. L'édition qui suit est la plus facilement disponible.

A.D.G., *Le Panadeux* [1971], Gallimard, « Série noire ».

—, *Pour venger pépère*, [1980], Folio.

AMOZ, Claude, *Bois-Brûlé* [2002], Rivages/Noir.

ANDREVON, Jean-Pierre, *Gandahar* [1969], Folio.

ARSAN, Emmanuelle, *Emmanuelle*, Livre I : *La Leçon d'homme* [1959], La Musardine.

—, *Emmanuelle*, Livre II : *L'Anti-Vierge* [1968], Le Terrain Vague.

—, *L'Hypothèse d'Éros*, Éditions Filipacchi, 1974.

AUTHIER, Christian, *Enterrement de vie de garçon* [2004], Stock.

—, *Une si douce fureur* [2006], Stock.

AYMÉ, Marcel, *Le Chemin des écoliers* [1946], Folio.

—, *Le Vin de Paris* [1947], Folio.

—, *Uranus* [1948], Folio.

—, *Les Tiroirs de l'inconnu* [1960], Folio.

BARTELT, Franz, *Le Jardin du bossu* [2004], Gallimard, « Série noire ».

BERG (DE), Jean(ne), *L'Image* [1956], Éditions de Minuit.

—, *Cérémonies de femmes* [1986], Grasset.

BESSON, Patrick, *La Paresseuse* [1990], Albin Michel.

—, *Les ai-je bien descendus ?* [1991], Messidor.

BIBERFELD, Laurence, *Le Chien de Solferino* [2004], Gallimard, « Série noire ».
BLONDIN, Antoine, *L'Europe buissonnière* [1949], *Œuvres romanesques*, La Table Ronde.
—, *Les Enfants du bon Dieu* [1952], « La petite vermillon ».
—, *Un singe en hiver* [1959], Folio.
—, *Monsieur Jadis ou l'école du soir* [1970], Folio.
BORDAGE, Pierre, *Les Guerriers du silence* [1993], J'ai Lu.
BORNAIS, Gilles, *Franconville, Bâtiment B* [2001], Gallimard, « Série noire ».
CALET, Henri, *Trente à quarante* [1947], Mercure de France.
—, *Le Tout sur le tout* [1948], Gallimard, « L'Imaginaire ».
—, *L'Italie à la paresseuse* [1950], Le Dilettante.
—, *Monsieur Paul* [1950], Gallimard, « L'Imaginaire ».
CARSAC, Francis, *Ceux de nulle part* [1954], Caëstres, Eons.
COLIN, Fabrice, *Dreamericana* [2002], J'ai Lu.
CURVAL, Philippe, *Cette chère humanité* [1976], Paris, Le livre de poche.
—, *Lothar Blues* [2008], Robert Laffont.
DANTEC, Maurice G., *Les Racines du mal* [1996], Gallimard, « Série noire ».
DEFORGES, Régine, *Blanche et Lucie* [1976], Fayard.
—, *Contes pervers* [1980], Fayard.
DENIS, Stéphane, *Sophie ou la Rive droite* [1982], Jean-Claude Lattès.
DÉON, Michel, *Les Trompeuses Espérances* [1956], Folio.
—, *Les Gens de la nuit* [1958], Folio.
—, *Les Poneys sauvages* [1970], Folio.
—, *Mes Arches de Noé* I et II [1978 et 1985], Folio.
DRODE, Daniel, *Surface de la planète* [1959], Robert Laffont.
DUTEURTRE, Benoît, *Gaieté parisienne* [1996], Folio.
—, *Drôle de temps* [1997], Folio.
—, *Les Malentendus* [1999], Folio.
—, *La Cité heureuse* [2007], Folio.
DUFOUR, Catherine, *Le Goût de l'immortalité* [2005], Mnémos.
GADENNE, Paul, *Le Vent noir* [1947], Éditions du Seuil.
—, *La Rue profonde* [1948], Le Dilettante.
—, *La Plage de Scheveningen* [1952], Gallimard, « L'Imaginaire ».

—, *L'Invitation chez les Stirl* [1955], Gallimard, « L'Imaginaire ».
—, *Les Hauts-Quartiers* [1973, posthume], Éditions du Seuil.
GARNIER, Pascal, *Flux* [2005], Zulma.
GENEFORT, Laurent, *La Mécanique du talion* [1976], Nantes, L'Atalante.
GOY, Philip, *Le Livre/Machine* [1975], Denoël.
GROULT, Benoîte, *Les Vaisseaux du cœur* [1987], Le livre de poche.
GUERIN, Raymond, *L'Apprenti* [1946], Gallimard, « L'Imaginaire ».
—, *Parmi tant d'autres feux...* [1949], Gallimard, « L'Imaginaire ».
—, *La Tête vide* [1952], Gallimard, « L'Imaginaire ».
—, *Les Poulpes* [1953], Le Tout sur le Tout.
HENNEBERG, Nathalie, *La Plaie* [1964], L'Atalante.
HOFFMANN, Stéphane, *Château Bougon* [1990], Albin Michel.
HOUELLEBECQ, Michel, *Extension du domaine de la lutte* [1994], J'ai lu.
—, *Les Particules élémentaires* [1998], J'ai lu.
HOUGRON, Jean, *Le Signe du Chien* [1961], Denoël.
HYVERNAUD, Georges, *La Peau et les Os* [1949], Pocket.
—, *Le Wagon à vaches* [1953], Le Dilettante.
IZZO, Jean-Claude, *Total Khéops* [1995], Gallimard, « Série noire ».
JAPRISOT, Sébastien, *Piège pour Cendrillon* [1962], Folio.
JEURY, Michel, *Le Temps incertain* [1973], Le livre de poche.
KLEIN, Gérard, *Le Sceptre du hasard* [1968].
—, *Les Seigneurs de la guerre* [1970], Le livre de poche.
LAPAQUE, Sébastien, *Les Idées heureuses* [1999], Actes Sud.
LAURENT, Jacques, *Les Corps tranquilles* [1948], Le livre de poche.
—, *Le Petit Canard* [1954], Les cahiers rouges.
—, *Les Bêtises* [1971], Grasset.
—, *Les Sous-ensembles flous* [1981], Grasset.
LE BRETON, Auguste, *Du rififi chez les hommes* [1954], Folio.
LEHMAN, Serge, *Aucune étoile aussi lointaine* [1998], J'ai Lu.
LEROY, Jérôme, *Le Cadavre du jeune homme dans les fleurs rouges* [2004], Éditions du Rocher.
MALAQUAIS, Jean, *Planète sans visa* [1947], Phébus.
—, *Le Gaffeur* [1953], Phébus.
MALET, Léo, *Les Nouveaux Mystères de Paris* [1954-1959]. Au choix, parmi les quinze volumes réédités par Robert Laffont, « Bouquins ».

MANCHETTE, Jean-Patrick, *L'Affaire N'Gustro* [1971], Folio.
—, *Le Petit bleu de la côte Ouest* [1976], Folio.
MANOTTI, Dominique, *Le Corps noir* [2004], Éditions du Seuil.
—, *Nos Fantastiques Années fric* [2001], Rivages.
MATZNEFF, Gabriel, *Nous n'irons plus au Luxembourg* [1972], La Table Ronde, 1972.
MURATET, François, *Stoppez les machines* [2001], Le serpent à plumes.
MURAY, Philipe, *Postérité* [1988], Grasset.
—, *L'Empire du Bien* [1991], Les Belles Lettres.
—, *On ferme* [1997], Les Belles Lettres.
—, *Après l'histoire (I et II)* [1999-2000], Les Belles Lettres.
—, *Exorcismes spirituels (I à IV),* [1997-2005], Les Belles Lettres.
NAVEL, Georges, *Travaux* [1945], Folio.
—, *Parcours* [1950], Gallimard.
NEUHOFF, Éric, *Actualités françaises* [1992], Albin Michel.
NIMIER, Roger, *Les Épées* [1948], Gallimard, « L'Imaginaire ».
—, *Le Hussard bleu* [1950], Folio.
—, *Les Enfants tristes* [1951], Folio.
—, *Histoire d'un amour* [1953], Folio.
OPPEL, Jean-Hugues, *French Tabloïds* [2005], Rivages.
PAGAN, Hugues, *Dernière station avant l'autoroute* [2000], Rivages.
PERRET, Jacques, *Le Caporal épinglé* [1947], Folio.
—, *Les Biffins de Gonesse* [1961], Folio.
PRUDON, Hervé, *Tarzan malade* [1997], Gallimard, « Série noire ».
REAGE, Pauline, *Histoire d'O* [1954], Le livre de poche.
REVERZY, Jean, *Œuvres complètes*, Flammarion, « Mille et une pages », comprenant notamment :
—, *Le Passage* [1954].
—, *Place des Angoisses* [1956].
—, *Le Corridor* [1958].
REYES, Alina, *Le Boucher* [1988], Éditions du Seuil, « Points Roman ».
—, *Lilith* [1999], Robert Laffont.
—, *La Chasse amoureuse* [2004], Robert Laffont.
—, *Sept nuits* [2005], Robert Laffont.
ROBBE-GRILLET, Alain, *Le Voyeur* [1955], Éditions de Minuit.

—, *Dans le labyrinthe* [1959], Éditions de Minuit.
—, *Projet pour une révolution à New York* [1970], Éditions de Minuit.
—, *Souvenirs du Triangle d'or* [1978], Éditions de Minuit.
—, *Romanesques* [1985-1994], Éditions de Minuit.
—, *Un roman sentimental* [2007], Fayard.
ROZENFARB, Michèle, *Vagabondages* [2000], Gallimard, « Série noire ».
—, *L'Homme encerclé* [2003], Gallimard, « Série noire ».
RUELLAN, André, *Mémo* [1984], Folio SF.
SIMONIN, Albert, *Touchez pas au grisbi* [1953], Folio.
STEINER, Kurt [RUELLAN, André], *Ortog*, [1975], Robert Laffont.
TAILLANDIER, François, *Les Nuits Racine* [1992], « La petite vermillon ».
—, *Des hommes qui s'éloignent* [1997], Le livre de poche.
—, *Le Cas Gentile* [2001], Le livre de poche.
—, *La Grande Intrigue*, Stock, 3 volumes parus depuis 2005.
THIBERT, Colin, *Royal Cambouis* [2002], Gallimard, « Série noire ».
TILLINAC, Denis, *Un léger malentendu* [1988], Robert Laffont.
—, *Le Venin de la mélancolie* [2004], Folio.
VAN CAUWELAERT, Didier, *Un aller-simple* [1994], Albin Michel.
WAGNER, Roland C., *Les Futurs Mystères de Paris. 1. La Balle du néant* [1996], J'ai Lu
WINTREBERT, Joëlle, *Les Olympiades truquées* [1980], J'ai Lu.
WUL, Stefan, *Niourk* [1957], Folio SF.
—, *Oms en série* [1957], Folio SF.

Bibliographie critique

L'après-guerre

ALLUIN, Bernard et CURATOLO, Bruno (dir.), *La Revie littéraire*, Dijon, Le Texte et l'Édition, 2000.
BOISDEFFRE, Pierre de, *Histoire de la littérature de langue française*, 2 vol., Librairie Académique Perrin, 1985.
CURATOLO, Bruno, *Raymond Guérin – Une écriture de la dérision*, L'Harmattan, 1996.
—, *Paul Gadenne. L'Écriture et les signes*, L'Harmattan, 2000.
DAMBRE, Marc (dir.), *Les Hussards*, Presses de la Sorbonne nouvelle, 2000.
MEIZOZ, Jérôme, *L'Âge du roman parlant*, Droz, 2001.

Les hussards

CRESCIUCCI, Alain, *Antoine Blondin*, Gallimard, 2004.
DAMBRE, Marc, *Roger Nimier Hussard du demi-siècle*, Flammarion, 1987.
HEWITT, Nicholas, *Literature and the Right in postwar France*, Berg, 1996.
LOUIS, Patrick, *La Table Ronde : une aventure singulière*, La Table Ronde, 1992.

Robbe-Grillet

ALLEMAND, Roger-Michel, *Alain Robbe-Grillet*, Paris, Éditions du Seuil, « Les contemporains », 1997.
BOISDEFFRE, Pierre de, *La cafetière est sur la table, ou contre le « Nouveau Roman »*, La Table Ronde, 1967.
DUGAST-PORTES, Francine, *Le Nouveau Roman, une césure dans l'histoire du récit*, Nathan, 2001, Colin, 2006.
MORRISSETTE, Bruce, *Les Romans de Robbe-Grillet* (1963), Éditions de Minuit, 1971.
« Dossier Robbe-Grillet », *Magazine littéraire*, n° 402, octobre 2001.

Le roman policier

DELEUSE, Robert, « Petite histoire du roman noir français », *Les Temps modernes*, n° 595, août-sept-octobre 1997, p. 53-87.
MANCHETTE, Jean-Patrick, *Chroniques*, Payot & Rivages, 2003 (Rivages/Noir).
MELLIER, Denis, « *Thriller* postmoderne et frontières contemporaines du littéraire », dans Jacques Migozzi (dir.), *Le Roman populaire en question(s) : bilans et perspectives*, PULIM, 1997, p. 469-486.
MESPLÈDE, Claude (dir.), *Dictionnaire des littératures policières*, [Nantes], Joseph K., 2003.
« Le polar, entre critique sociale et désenchantement », *Mouvements*, n° 15/16, mai-août 2001.

L'érotisme

BRECOURT-VILLARS, Claudine, *Écrire d'amour. Anthologie de textes érotiques féminins (1799-1984)*, Ramsay, 1985.
BRULOTTE, Gaëtan, *Œuvres de chair. Figures du discours érotique*, Paris, L'Harmattan, 1998.
DI FOLCO, Philippe, *Dictionnaire de la pornographie*, PUF, 2005.
MARZANO, Michela, *La Pornographie ou l'épuisement du désir*, Buchet-Chastel, 2003.

PAUVERT, Jean-Jacques, *Anthologie des lectures érotiques*, Stock/ Spengler, 1995

La science-fiction

BAUDOU, Jacques, *La Science-fiction*, PUF, « Que sais-je ? », 2003.
BOZZETTO, Roger, *La Science-fiction*, Paris, Armand Colin, « 128 », 2007.
COLSON, Raphaël et RUAUD, François-André, *Science-fiction. Une littérature du réel*, Klincksieck, « 50 questions », 2007.
LANGLET, Irène, *La Science-fiction. Lecture et poétique d'un genre littéraire*, Armand Colin, « U », 2006.
SADOUL, Jacques, Histoire *de la science-fiction moderne : 1911-1984*, Robert Laffont, « Ailleurs et Demain Essais », 1984.

Le fantastique

BOZZETTO, Roger et HUFTIER, Arnaud, *Frontières du fantastique, approches de l'impensable*, Presses universitaires de Valenciennes, 2004.
CHAREYRE-MEJEAN, Alain, *Le Réel et le Fantastique*, L'Harmattan, 1998.
LABBE, Denis et MILLET, Gilbert, *Le Fantastique*, Belin, 2005.
TODOROV, Tzvetan, *Introduction à la littérature fantastique*, Éditions du Seuil, 1971.

Les néo-hussards

CARIGUEL, Olivier, *Histoire des éditions du Rocher (1943-2003)*, 2003 (préface de Jean-Paul Bertrand).
LEMIEUX, Emmanuel, *Pouvoir intellectuel. Les nouveaux réseaux*, Denoël, 2003.
LÉVY, Élisabeth, *Les Maîtres censeurs*, Lattès, 2002.
LINDENBERG, Daniel, *Le Rappel à l'ordre. Enquête sur les nouveaux réactionnaires*, Éditions du Seuil, 2002.

Les antimodernes ?

COMPAGNON, Antoine, *Les Antimodernes*, Gallimard, « Bibliothèque des idées », 2005.

DUTEURTRE, Benoît, *Ma belle époque*, Bartillat, 2007.

FINKIELKRAUT, Alain, *Nous autres modernes*, Ellipses, 2005, Folio, 2007.

TAILLANDIER, François, *Ce monde-là. Dictionnaire personnel de l'époque*, Flammarion, 2008.

VIART, Dominique et VERCIER, Bruno, *La Littérature française au présent*, Bordas, 2008.

Les auteurs

Anissa BELHADJIN, maître de conférences à l'université de Cergy-Pontoise – IUFM de l'académie de Versailles. Ses recherches portent sur le roman noir, les théories narratologiques post-classiques, la didactique de la littérature de genre.

Simon BRÉAN, agrégé de lettres classiques et ancien élève de l'ENS Ulm, est doctorant en littérature française à l'université Paris IV-Sorbonne. Il prépare une thèse sur « La science-fiction en France de la seconde guerre mondiale à la fin des années soixante-dix ».

Alain CRESCIUCCI est professeur à l'université de Rouen. Ses recherches portent sur le roman français. Il est l'auteur d'une biographie d'Antoine Blondin.

Bruno CURATOLO, professeur de littérature française à l'université de Franche-Comté, directeur du Centre Jacques-Petit, a consacré l'essentiel de ses travaux au roman des années 1920 à 1950 et aux revues littéraires du XXe siècle.

Alexandra DESTAIS, docteur en littérature française, intervenante à l'université populaire de Caen et conférencière, mène depuis plusieurs années des recherches sur la littérature des femmes et sur l'art d'aimer au féminin. Elle est par ailleurs chargée de mission « égalité hommes/femmes ». Site internet : <http://www.alexandra-destais.fr>.

Francine DUGAST, professeur émérite à l'université Rennes 2, est spécialiste de la littérature française du XXe siècle et, notamment, du nouveau roman.

Guillaume GROS, historien (Framespa-Grhi, Toulouse 2) est l'auteur d'une biographie de Philippe Ariès (Presses universitaires du Septentrion, 2008). Il prépare un essai sur François Mauriac.

Nicholas HEWITT, professeur de français à l'université de Nottingham et directeur de l'Institut d'histoire culturelle. Également directeur de la revue *French Cultural Studies*, il prépare une histoire culturelle de Montmartre.

Arnaud HUFTIER, maître de conférences à l'université de Valenciennes, est un spécialiste des littératures de l'imaginaire : Jean Ray, S.A. Steeman, le fantastique néerlandais et le fantastique en général.

Alain-Jean LÉONCE travaille dans le commerce équitable. Il prépare une *Histoire des hussards*.

Table des matières

Ce volume,
le premier de la collection
« Littératures contemporaines »,
publié aux éditions Klincksieck
a été achevé d'imprimer en septembre 2009
sur les presses de la Nouvelle Imprimerie Laballery,
58500 Clamecy

N° d'éditeur : 0051
N° d'imprimeur : 908184
Dépôt légal : septembre 2009

La Nouvelle Imprimerie Laballery est titulaire de la marque Imprim'Vert®